女子高生の裏社会
「関係性の貧困」に生きる少女たち

仁藤夢乃

光文社新書

２０１３年１月、東京都内で中学３年生２人を含む15～17歳の少女76人が保護された。同年４月には、秋葉原で同年齢の少女ら11人が補導された。１人は無職、10人は高校生で、そのうち８人が４月に高校に入学したばかりの新１年生だった。10月には逮捕される少女も出て、12月には警視庁による一斉補導が行われ、15～17歳の11人の高校生と無職の少女２人が補導された。ここに挙げただけでも、東京都で１年間に１０１人の少女が保護・補導・逮捕されたことになる。

はじめに

私は、家庭や学校に居場所や社会的なつながりを失った高校生を「難民高校生」と呼び、さまざまな事情や苦しみを抱えた10代の少女たちの自立を後押しする活動を行っている。

子どもの6人に1人が貧困状態にある今の日本社会で、高校中退者数は年間約5万5000人、不登校者は中学校で年間約9万5000人（これに加えて、不登校にカウントされない保健室登校者など、授業を受けられない状態にある子どもはさらに10万人いるとされる）、高校では年間約5万5000人。

未成年の自殺者数は年間500人以上、10代の人工中絶件数は1日55件以上（年間2万件以上）、虐待、ネグレクト、いじめ、家族関係、友人関係、性被害……さまざまな状況が重なって、居場所や社会的なつながりを持たない高校生たちが、日々、生まれている。

とりわけ、性搾取や違法労働の現場には、「衣食住」と「関係性」を失った少女が多く存在し、「貧困」状態から抜け出せなくなっている。

＊　＊　＊

児童買春や犯罪の温床になるような仕事に就く少女たちについて、「特別な事情を抱えた子どもが働いている」とイメージする人は少なくないだろう。しかし、今、家庭や学校に何らかの問題を抱えているわけでなく、両親との仲も学校での成績もよく、将来の夢もあって進学を控えているような「普通の」女子高生が、「ＪＫリフレ」（ＪＫ〈女子高生〉によるリフレクソロジー＝個室でのマッサージ）や「ＪＫお散歩」（女子高生と客とのデート）の現場に入り込んできている。

本書では、取材を通して出会った「ＪＫ産業」で働く少女たちが、そこに行き着くまでの背景や状況、そしてその後をまとめた。彼女たちの姿から、今、子どもたちの周りで何が起きているのかを読者のみなさんと一緒に考えたい。

「うちの子には関係がない」
「うちの孫がそんなことをするはずがない」
「うちの生徒は大丈夫」
「うちの地域は安全だ」

そんなふうに思っている保護者や先生、地域の大人たちにこそ、この本を読んでほしい。
また、できることなら、これから高校生活を迎える中学生や現役の高校生に事実を知ってほしい。

これからますます、子どもたちを取り巻く危険が大人の目に触れにくい時代がやってくるだろう。子どもを守り、社会の一員として育てていくことは私たち大人の責任だ。この本が、厳しい現実を傍観するのではなく、大人が学び、1人でも多くの子どもたちを支えるために役立てられることを願っている。

本書では、話を聞いた31名の女子高生（うち7名は高校中退している）へのアンケート・インタビュー調査結果をところどころで紹介する。この他に、銀座のクラブで働きながらお散歩をしている19歳の女子大生と、高校時代に「JK産業」で働き、現在は風俗で働いている18歳の女子大生からも話を聞いた。また、プライバシー保護のため、本書に登場する少女たちの名前や彼女たちが働く店の名称は仮名とする。

女子高生の裏社会——目次

はじめに 3
第1章 レナ・17歳――「JKお散歩」の日常 11
第2章 サヤ・18歳――「JKリフレ」で働く理由 59
第3章 リエ・16歳――売春に行き着くまで 87
第4章 カオリ・18歳――社会に慣れるためのリハビリ 123

第5章　アヤ・16歳——家庭と学校に居場所を失う……151
第6章　表社会化する裏社会……175
第7章　少女たちのその後……211
おわりに　243
【アンケート・インタビュー調査結果】　256

第1章

レナ・17歳――「JKお散歩」の日常

死にたい、誰か助けてほしい――

2014年5月。本書の原稿を書き終えようとしていたとき、1人の少女・ハルナからメッセージが届いた。まず、彼女の声に耳を傾けてほしい。

「はじめまして。私は都立の定時制高校に通う3年生です。去年の夏、『難民高校生』というタイトルに惹かれて仁藤さんのことを初めて知りました。

仁藤さんのブログに書かれている、〈JKリフレ〉や〈JKお散歩〉についての記事には心を打たれました。私自身、2年前の春から半年ほどお散歩メイドを秋葉原でやっていました。観光客が多かった覚えがあります。そのせいか、私はお散歩を『観光案内』だと正当化していました。ですが、実際は女の子と男性が2人きりになるわけで、何が起こるかはわかりません。一度、父親よりも年上の人にキスをされたことがありました。そのときは幸い、それだけで済みました。

秋頃、お散歩をやめました。その数ヶ月後、私は援助交際をしました。お散歩をやっていたために価値観が狂っていたので、そういう世界に入ることは普通の高校生よりも簡単でした。

でも、援助交際をするうちに、生活、心、体、金銭感覚、学校、両親との関係、すべてが乱れていきました。

やがて、たくさんの男性と体を重ねてきた自分に存在価値などない、汚い――。

そう思うようになりました。その想いは、いつまでたっても消えません。

援助交際をしていることについて、友達、学校の先生、知っている人、誰もが「今すぐやめろ」と言いました。それでも、3ヶ月に1回は内緒で援助交際をし続けました。興味本位で始めたお散歩からこんな結果になるとは思いもしませんでした。今現在もやめられたわけではありません。なぜ援助交際をしているのか、それすらわかりません。お金の誘惑か、それとも寂しいのか。行為が終わった後の私は抜け殻になったような気持ちになります。そして、いつも心がすり減ります。そんなことをして、良いことなんてなに一つないのに。

死にたい、誰か助けてほしい――。これが、私の心の奥底にある想いです。だけど、私は助けてと言えません。私と同じような高校生はたくさんいるでしょう。これ以上苦しむ人が増えないように、誤った道に足を踏み入れてしまう前に、仁藤さんの発信を多くの人が受け取れることを心から願います」

＊　　＊　　＊

今、日本の女子高生の身に何が起きているのか

２０１３年10月のある月曜日、18時過ぎ。秋葉原の駅を降りると、改札前にはオタクらしい雰囲気の男性が20名ほど散らばっていた。なじみのある渋谷や新宿などの街と違った秋葉原の雰囲気に私は圧倒されていた。そんな中、少女たちがネットに載せていた情報をもとに、彼女たちが働く店の前まで行ってみることにした。

駅の電気街口から３分ほどの場所にある神田一丁目から末広町駅までの辺りにリフレやお散歩店が密集している。

街には、「学園系リフレ」や「メイドリフレ」「ＪＫカフェ」など、少女が接客する男性向けの店が集まった雑居ビルがいくつもあり、外には少女たちの写真が並んだ大きな看板が出ている。

店のチラシやホームページに詳しい住所はないので、調べて住所が確認できた店に行ってみると、２店舗はビルの中にあった。もう１店舗はマンションの一室にあり、こちらは大き

な看板は出ておらず、１階のポストに店名が書かれた小さなカードが貼り付けてあるだけだった。

「こんなところで働いているのか……」

私は少女たちの身に起こっていることを案じた。

次に、彼女たちがいつも客引きをしている場所を探すことにした。ツイッターで「今日もケンタ前に立ってるよ！」「ケンタ前でビラ配り中。誰かお散歩連れてって～」という書き込みをよく目にするので、スマホで近くのケンタッキーを検索する。アイドルやアニメのグッズを販売する店やゲームセンターなど、秋葉原らしい店が並ぶ通りの先に、その場所はあった。

近づいてみると、通りの両側に６人の少女が立っているのが見えた。４人は制服で、２人は私服。１人ずつ２メートルほどの間隔を取りながら立ち、道行く男性に声をかけていた。彼女たちの前をゆっくりと通り過ぎながら、様子を観察する。少女たちは上目遣いで男性たちに何かをねだっている。

その日、ここで客引きをしていたのは６人だけではない。通りの角を曲がって見えてきた光景に驚きを隠せなかった。なんと、そこではさらに18人の女子高生が客引きをしていた。

この通りは、ＴＳＵＫＵＭＯというパソコンショップが数店あるため、「つくも通り」と呼ばれたり、多くのメイドがチラシ配りをしていることから「メイド通り」と呼ばれたりしていた。その名の通り、奥にはメイドカフェがあり、10名ほどメイド姿の女子が客引きをしていたが、彼女たちより圧倒的に「ＪＫお散歩」や「ＪＫリフレ」で働く少女のほうが多かった。「メイド通り」というより、もはや「ＪＫ通り」だ。

薄暗い通りに、パチンコ店や電気屋のネオンがわずかに光っている。決してきらびやかではないこの場所で、何かが起こっている。

たくさんの人が行き来しているにもかかわらず、客引きする少女の他に通りにいるのは、ほとんど男性だ。そのことに気付き、私は少し緊張した。彼らは、少女を物色している。近くには個室ビデオ店や風俗店もある。そんな場所で、女子高生が無邪気に客引きをしている。

２０１３年、都内のＪＫリフレ店は約80店、ＪＫお散歩店は秋葉原だけで96店舗にのぼった。多くの店では1店舗につき常時20～40名が働いている。少女の入れ替わりは激しく、店を行き来する少女もいるが、１店舗につき年間60人（30人が半年間ですべて入れ替わると想定）働いていて、それぞれが2店舗経験していると想定しても、都内だけで５０００人以上が「立ちんぼ」していたことになる。

東京・秋葉原　18時過ぎの「つくも通り」。多くの女子高生が街行く男性に声をかけていた。

大勢の女子高生が、街で男性を待っている。仕事帰りの男性たちが、制服姿の女子高生にデートをしようと堂々と声をかける。事件になるまで、メディアで取り上げられるまで、そんな状況が当たり前に容認されていた。

彼女たちは、どういうつもりなのだろうか。彼女たちがここに立っている理由を知りたい、今、日本の女子高生の身に何が起きているのか知りたいと思った。

制服で出勤するレナ

秋葉原を歩いた翌日、私はJR中央線で新宿から約5分の中野駅に到着した。レナとの待ち合わせの10分前だった。彼女とはSNSを介して連絡をとり、今日はランチをしながらお散歩について話を聞かせてもらう約束をしていた。

レナは優しそうな雰囲気の少女だった。鎖骨のあたりまで伸びた少しクセのある黒髪で、毛先はふんわりカールさせてあった。「なんだか純情そう。こんな子がお散歩なんて……」

——それが、彼女に対する第一印象だった。

——学校、この辺なんだっけ？

「○○高校なんですけど、そこからチャリで来たんですよー」

初対面の私に警戒心を見せることもなく、高校名をさらっと教えてくれた。彼女の通う高校は偏差値50前後の中堅校。「軽音部が強いから」という理由でその高校に進学し、バンドでギターボーカルを担当している。今日も中間テストと部活の練習の合間に学校を抜け出して来てくれていた。私たちは近くのピザ屋で話をすることにした。

――レナって、本名？

「違います。でも、本名でやっている子もいますね」

お散歩店の面接を受けた後、店長に「名前何にする？」と言われ、好きな読者モデルの名前を付けた。

「ゆめのさんっていくつですか？　取材っていうからどんな人が来るのかと思ったけど、可愛いお姉さんでよかった」

――ほんと？　今23歳。レナちゃんは17歳だっけ？　高3？

「はい。でもよく年下に見られます。今日は大人っぽく見えるように妹の服を借りてきました」

純情で優しそうな印象の少女・レナ。今回の取材で初めて話を聞いた女子高生。

――仕事のときは私服なの？

「いや、制服も私服もどっちもみたいな感じなんです」

お散歩バイトの服装は自由。制服は店に貸し出し用があるため、「私服で行けばお店で制服にも着替えられるから」と、彼女は私服で出勤することが多いが、気分によっては学校指定の制服で行くこともあるという。

――制服で出勤して、客に自分の通う高校を知られたら怖くない？

「今まで気にしたことなかったです。バイトが禁止されていたり校則が厳しかったりする学校の子は、学校にばれないように制服のリボンとかスカートを変えてやっているけど、私の高校の子たちはみんな普通に学校の制服でやっていますよ」

彼女は、「学校にばれる」恐れは想定しているようだが、「客にばれる」ことについては考えたこともなかったという。

これまで高校生と関わる機会の多かった私は、制服を見ればどの高校の生徒かわかることがある。私のように詳しい客が来るかもしれないし、そうでなくとも今の時代、インターネットを利用すればすぐに調べることができる。通っている高校がわかれば、客にストーカーされたり、学校にバイトのことをばらすと脅されたりする可能性もなくはない。

姉妹が同じ店で働く

——お店、「みるきー」だっけ？　なんで、お散歩で働いているの？

「私、特殊なんですけど、妹の紹介で入ったんですよ。お散歩始めるまで、私はこういうバイトは１回もしたことがなくって。でも、妹がやっていて紹介されて入りました」

お散歩やリフレの仕事は、家族に隠れてやっている少女も多く、きっかけが「妹の紹介」というのは確かに珍しかった。

以前は、「料理が好きだから」とファミレスでキッチンのアルバイトをしていた彼女は、高３になって受験勉強のためにそのバイトをやめた。「ちょうど何のバイトもしてなかった時に誘われて」、受験勉強の合間の好きな時に出勤できるお散歩を始めたそうだ。「この仕事を始める前までは、普通のバイトをしていました」という言葉から、彼女が「お散歩は普通のバイトではない」と自覚していることがわかった。

——妹もお店のサイトに載っているの？

「載っていますよ。『この２人は姉妹です』って書いてあります。ちょっと待ってくださいね」

スマホを差し出し、ホームページに掲載された妹の写真を見せてくれる。

「妹は化粧をするから、大人っぽいんですよね」

そう言われて、レナがすっぴんであることに気づいた。化粧の仕方すら知らない少女が、見ず知らずの男性とデートを繰り返している。一方、彼女が「大人っぽい」という妹の「マミ」は髪を明るい茶色に染め、目をアイラインで囲み、つけまつげを付けたばっちりメイクをしているが、彼女もどう見ても15～16歳にしか見えなかった。

「妹はまだ高1で、15歳からお散歩をやっています。妹の友達は荒れている子が多いんです。そういう友達に紹介されて始めたみたい。妹は中学生になるくらいから荒れていて、タバコも吸っているしお酒も飲むみたいな子。妹の周りにはそういう友達が多いけれど、私はそういうことはまったくしたことがなかったから、お散歩っていう仕事があるってことも全然知らなくて。お店は4月にオープンしたけど、妹はその時からやっていたんです」

スカウトの手口

妹のマミがこの仕事を始めたきっかけは、友人の紹介。その友人は、放課後に新宿で遊んでいた時にスカウトの男に声をかけられて、お散歩という仕事があることを知った。スカウトたちは、街で少女たちにこんな風に話しかける。

「こんにちは！　今、いくつ？」

「高校生なんだ。大人っぽく見えるね。バイト探したりしてない？」

「今、うちのお店で働ける女の子を探してて、可愛いから声かけちゃった。高校生でも働ける普通の健全なアルバイトで、全然怪しいお店とかじゃないんだけど、よかったらやらない？　お店の雰囲気を見てから決めてもいいから、興味があったら面接だけでも来てくれたら嬉しいんだけど」

　ＪＫお散歩やＪＫリフレのスカウトは、水商売や風俗店のスカウトマンがやっていることが多く、その手口は同じだ。彼らは風俗営業店に女の子を紹介するのと同じように、少女たちに声をかけ、店に紹介し、紹介料をもらっている。彼らはスカウトのプロだ。慣れた様子で女子高生に声をかけ、巧みな話術で連絡先を聞く。

　高校生はまだ子どもだ。彼女たちの多くは学校や家庭の外の大人と関わった経験が少なく、街で声をかけられてもすぐに信用したり、抵抗なく連絡先を教えたりする。一方、スカウトの大人たちは目が肥えていて、連絡先を教えてくれたり仕事を引き受けてくれそうな少女を目利きできるのだ。

　高校生を1人捕まえることができたら、そのあとは簡単だ。「友達も一緒に働けるよ」と言えば、大抵の子は「1人は不安だから誰か誘おう」と友人を連れて来る。そこで連れて来られた少女がまた友人を紹介し……という流れで、芋づる式に集まってくる。

「商品」としての少女

レナが働いている店でスタッフとして少女たちに認識されているのは2人（のちの取材で、裏には他にも関係者がいることがわかる）、店長とオーナーだ。どちらも男性で、レナは彼らを「普通の人」だという。

「1人は結婚していて家族もいるし、もう1人は離婚しているけど結婚経験があるから普通の人だと思う。全然怖くないし、フレンドリーな感じです。オーナーも店長もサラリーマンじゃなくて普通の人だから、いつも普通に私服。1人は絵の才能があってデザイナーの仕事もやっているみたいで、もう1人は子供とか奥さんがいるけど、よくわからない」

彼女のいう「普通」とは、怪しかったり変だったりする人ではないということらしい。

「お店の人は全然怖くない。見た目はかっこよくはないけど、普通にいい人。ちゃんと心配してくれるし、女の子のことを考えてくれている。寒いときに心配して声をかけてくれたり、『お客さん入りそう?』とか、『少し休憩したら』とか話しかけてくれたりするし、たまにジュースもくれて親戚のおじさんみたいな感じ。頻繁に会うから、いつの間にか隣のおじさんみたいな感覚になっているかな」

ほんとうに彼女を心配していたら、不特定多数の男性とお散歩なんてさせないだろう。店は彼女たちを「商品」として気にかけているだけだ。しかし、レナは「大丈夫？」の一言で自分は心配されているのだと安心し、缶ジュースを一つもらったくらいで喜んでいる。それどころか、「親戚のおじさんみたい」に思うほど、信頼できると思っているようだ。

お散歩やリフレで働く少女たちはみな、大人が意図してやろうと思えば、簡単に心をつかむことができる純粋な少女ばかり。「寒いでしょ？　これ飲んで温まってね」と缶ジュースでも渡せば、誰でも「いい人」になれる。

ＪＫリフレの摘発を受けて

「お散歩って店舗がなくて、事務所があるだけなんですよ」

店内で少女と男性を２人きりにさせるＪＫリフレの摘発を受けて、お散歩はより実態の見えにくい無店舗型の業態となった。少女は出勤時、まず事務所に顔を出す。みるきーの事務所は秋葉原駅から３分ほどの場所にあるウィークリーマンションの一室。その周辺の建物には、お散歩店の事務所が複数存在している。事務所の家賃は月にして13万円ほど。間取りは

1Kで、キッチン、バス、トイレの他に8畳ほどの部屋があり、家具が付いている。

「レナでーす。おはようございまーす」

事務所についたらインターホンを押し、「普通のマンションだから、友達の家に遊びに行くときみたいな感じ」で挨拶をする。店長がドアを開けたら部屋に荷物を置いて、チラシを持って準備完了。マンションの前の通りで客引きをする。ただ、それだけだ。

「『お散歩どうですか、お願いします』って言いながら立っていると、お客さんが話しかけてきます。多くは、女子高生とお散歩できることを知っていて女の子を選びに来ている人。だから、『ここで何をしているんですか』って聞くと、『これからカラオケに行こうと思ってるんだよね』とか言われるんで、『私と一緒にどうですか』って言ってついて行きます。夜になるとお腹を空かせて来る人も多いので、『ご飯行きませんか』って声をかける」

客が入ったら事務所の下まで連れて行き、料金を受け取る。それを持って彼女だけ部屋に上がり、店長にお金を渡す。「何分行ってきまーす」と伝えて客の元へ戻り、そこからお散歩が始まる。客は彼女を連れてどこにでも行くことができる。

時間は店が管理し、支払った分の時間になると少女の携帯に「終わりの時間だよ。延長するかお客さんに聞いてみて」と店から電話がかかってくる。延長しない場合はその場で解散し、少女だけ事務所に戻るという流れだ。客と店のスタッフが顔を合わせることはない。

好きなときに事務所に現れ、チラシを配って客引きをし、お金を持って戻ってくる。客と散歩に行き、また客引きに行く彼女たちに、店がしてやることはほとんどない。少女たちは客からお金を運んでくるいい餌だ。レナは「店の人は女の子が心配だから、ビラ配り中もたまに見回りに来る」というが、それは少女を監視し管理するためである。

「初出勤のときはどうすればいいのかわからなくて、妹に一緒に行ってもらいました。夜の8時くらいに通りを歩いていた大学生のグループを捕まえました。大学野球をやっていて、試合で東京に来ていたらしく『せっかくだし行こうか』みたいな感じで入ってくれました。地方には女子高生とお散歩できるところってあまりないみたいなんで」

多くの客は、きっと自分の地元や知人の目につく可能性のある場所で女子高生の時間を買い、散歩なんてできないだろう。それが、秋葉原では堂々とできてしまう。遊び半分で来た客とのお散歩の経験から、彼女はこの仕事を「意外と怖くない」と思うようになった。

「他にも、『ニュースでJKお散歩を知って、摘発される前に行っておこう』っていう人とか、サラリーマンがスーツで来ることも結構あります。この前入った30代の会社員は『社会勉強のために来た』って言っていましたね」

レンタル彼女

――客はどんな人が多いの?

「挙動不審だったり、何も話さないでただ一緒に時間を過ごすだけみたいな人もいるけど、たまーにさわやかな感じの人も来ます。あとは、40~50代以上だと、オタクじゃなくて普通のおじさんが多いです。『仕事の帰りに偶然通ったから、そのついでにお散歩に行こうかな』とか、仕事のあと秋葉原に遊びに来ている人が多いですね。普通に結婚していて、子どもがいる人も来ます」

彼女はお散歩で、ゲームセンターやカラオケ、食事などに行ったことがある。

「お散歩って、時間内に帰ってくればどこにでも行けるんですよ。でも、女の子は財布を事務所に置いてきているから、ご飯や映画に行くならチケット代とか、秋葉原からの交通費を出せる人じゃないといけない。最近多いのは、3時間コースでスカイツリーまで行く人。私はアニメもアイドルも好きじゃないけど、お客さんとカラオケに行ったときは、お願いされてアイドルの曲を歌ったり、アニメのショップも行きます。お客さんに『〇〇ちゃんに似ているね』と言われても、それが地下アイドルすぎて誰かわかんないこととかあります。オタクってすごいですよ」

客は男性ばかりだというが、レナは一度「ダブルデートみたいな感じで入った」ことがある。一組のカップルとシングルの男性の計3人で秋葉原に遊びに来ていたグループが、お散歩でレナを買い、ダブルデートに連れて行った。みるきーのホームページには「疑似恋愛体験はできません」と書いてあるが、やっていることはまさにデートであり、少女たちはいわば「レンタル彼女」だ。

オプションは100％バック

ＪＫお散歩には、追加でサービスを受けられる「オプション」がある。

「一緒にプリクラを撮るのは1000～2000円。オプションは女の子に100％バックなんで、自分で値段を決められます。オプションで変なこと（性的な行為や法律に反すること）をされたりお散歩中に何かあっても、お店は責任取れないんですよ。だけど、オプション料金まで店と折半していたら、何かあったとき『お店がそういうオプションをさせているんじゃないか』って警察に言われちゃうと困るから、自分たちに100％返ってくるんです」

それはつまり、散歩中の出来事やオプションについて店は見て見ぬふりをして責任を逃れる、守ってあげないよということだ。しかし、彼女はそれが当然のことであるかのように教

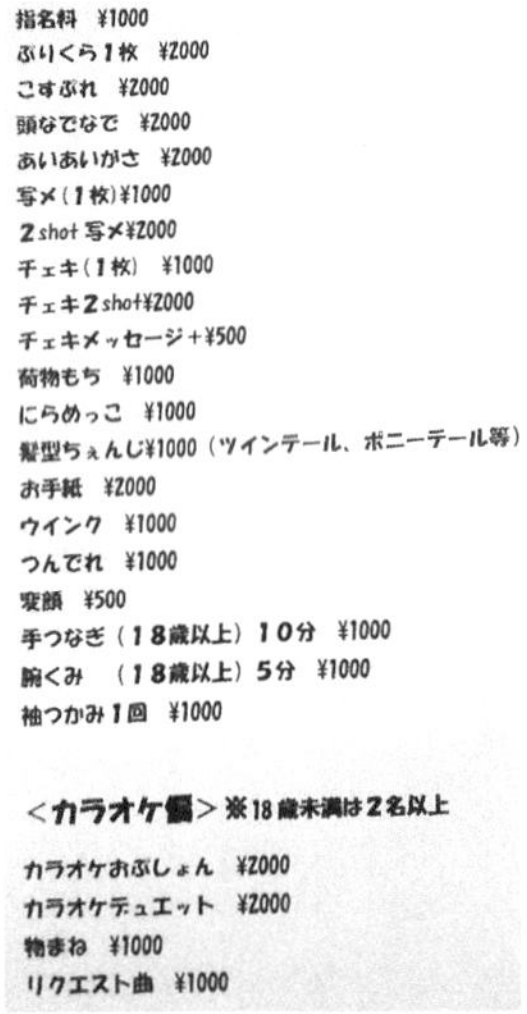
指名料 ¥1000
ぷりくら1枚 ¥2000
こすぷれ ¥2000
頭なでなで ¥2000
あいあいがさ ¥2000
写メ（1枚）¥1000
2shot 写メ¥2000
チェキ（1枚） ¥1000
チェキ2shot¥2000
チェキメッセージ+¥500
荷物もち ¥1000
にらめっこ ¥1000
髪型ちぇんじ¥1000（ツインテール、ポニーテール等）
お手紙 ¥2000
ウインク ¥1000
つんでれ ¥1000
変顔 ¥500
手つなぎ（18歳以上）10分 ¥1000
腕くみ （18歳以上）5分 ¥1000
袖つかみ1回 ¥1000

<カラオケ編>※18歳未満は2名以上

カラオケおぷしょん ¥2000
カラオケデュエット ¥2000
物まね ¥1000
リクエスト曲 ¥1000

レナに見せてもらったオプション表。500〜2000円まで、さまざまなサービスがある。

育されている。店はオプションに関与しないと言うが、店に決められた表がある。表には「プリクラ、コスプレ、相合傘、手つなぎ、腕組み、袖つかみ」などオプションの種類と金額が並んでいる。

　店で禁止されている客との接触や個室利用禁止のルールも一応のものでしかない。実際には、禁止とされていることをしなければ客をなかなかとれないのだ。

裏オプション

——お散歩中に危ないことはなかったの？

「私はないです」

レナは、これまでになくはっきりと答えた。

「エッチなことが目的のお客さんは、前もって『どこまでできる？』って聞いてくるんですよ。最初は何も知らないふりをして『これなんの仕事』って声をかけてきて、『お散歩です』って答えると『ふーん、オプションは何があるの』と聞いてきて、そこから交渉。援助交際が目的の人も結構います。すごいきもち悪い」

——それで、断るの？

「うちの店、お客さんとの接触と個室利用は禁止なんです。だからその場で断らないと、お互い困るというか、料金も前払いなんで、後から『お金払ったのになんでできないの？』と言われたら困るから、そういう人は先に断らないと」

年代にかかわらず、声をかけてくる5割以上の男が「裏オプできる子？」「どこまでできる？」と聞いてくるという。

こうした客の誘いに乗り、性的なサービスをオプションとしてやっている少女は決して少なくなく、それらは「裏オプション」「裏オプ」と呼ばれている。

「うちのお店にはいないんですけど、他店だと裏オプやっている子もいるから、お客さんからも『他では色々やらせてくれるのに、君はなんでだめなの』とか言われます。お触りとか個室NGって言うと入ってくれない人も多い。あとは、『プライベートで会わない？』とか『連絡先教えて』みたいなのは多い。『お店の料金は払いたくないけど、プライベートでご飯をおごるだけならいいよ』とか」

〈アンケート・インタビュー調査から〉（以下「調査から」）
「客に連絡先の交換や個人的なやり取りを求められることはありますか」という質問には、31名中すべての少女が「ある」と答えた。

いきなり腕を組んできたり、無理やり手をつないだりしてくる客もいるというが、彼女は「そういう誘いは断れば大丈夫」だと繰り返す。
「最初に『個室と接触は禁止です』って伝えれば、そんなにしつこくしてきません。『バカだなぁ』って言いながらお客さんに背中を叩かれたり、頭をポンポンされたりはよくあるけど、そのくらいは仕方ないと思っています。こういう仕事をしているから、仕事中に限らずツイッターとかでも『パンツ見せてください』『何カップですか』とか毎日聞かれる。でも、秋葉原じゃなくても、街でおじさんに『一緒にご飯食べない？』『パンツ見せてください』って声をかけられることもあるし、電車で痴漢されたことのある友達もたくさんいるから、そういうのってどこにいてもありますよね」。どの客を断り、どの客を取るかは少女次第。「お客さんは自分で選べるから大丈夫」という少女は多いが、出勤する度不特定多数の男性から話しかけられ、援助交際の誘いや裏オプションの交渉を持ちかけられ、誰もがお金を払えば好きなところに自分を連れ出せる状況に身を置いているにもかかわらず、「大丈夫」だという彼女に、客や店のスタッフを見極める力はないだろう。

〈調査から〉

「痴漢の被害に遭った経験はありますか」という質問には、31名中14名が「ある」と答えた。また、「ストーカーの被害に遭った経験はありますか」でも14名が「ある」と答え、うち8名が客からストーキングされた経験があった。

警察の取り締まりと「抜け道」

――お客さんは1日に何人くらい？

「最近は、警察の取り締まりが厳しくなって、お客さんがあまり取れなくなったんです」

彼女は残念そうに話す。

「警官がビラ配り中に寄ってきて、事情聴取みたいに囲まれるんですよ。だからお客さんが警戒する。警察が来ると人通りが少なくなります。昨日も放課後出勤したら、警察の巡回があって、お客さんが1人しか入らなかったんです。お客さんも警察沙汰になりたくないじゃないですか。だから、警察がいると全然入ってくれない。みんな捕まってまで女の子と過ごしたいっていうほどじゃないんだと思う。警察がいると関わりたくないって感じ。

警察がしていることって『営業妨害と変わらない』って店長も言っていたんですよ。警察が来ると、その間はお客さん（になるかもしれない道行く男性たち）とお話しできないじゃないですか。だから、やめてほしいですね」

ＪＫリフレやお散歩店にまつわる事件が多発してから、客引きしている通りを警官が巡回し、チラシ配りをするのに必要な「許可証」をチェックしたり少女たちにアルバイトをやめるよう注意を促したりするようになった。私も、秋葉原でレナが警官に囲まれる様子を前日に目にしていた。

警察が取り締まりを厳しくしても、店は抜け道を見つけて少女たちを街に立たせている。「ビラ配りは1店舗につき1人まで」と注意されれば、それ以外の少女にはチラシを透明のプラスチック板に挟んだものを持たせ、「看板」という名目で街に立たせている。

「警官には『変な人もいるし、お散歩は人目に付かないところでのことだから、何があるかわからないし危ないよ』って言われます。警察は、お散歩みたいな仕事をやめてもらいたいから『普通のバイトしたほうがいいよ』とかめっちゃ言ってくる」

——でも、やめたくない？

「やめたくないっていうか、融通きくし、楽だし。警察は被害に遭った人のことしか知らないからそう言うけど、私はそうじゃない面を知っている。だから大丈夫って思っています」

レナは警官の言葉より、店長がよく言っている「警察は営業妨害をしてくる面倒な存在」という言葉を信じ、客のことを（警察に警告されるようなことはしてこないだろうと）信じている。警官が来ると逃げるように去っていく男たちのことは何も悪く思わないようだ。

自信満々に話すレナに、「でも、そう思い込んでいる子が被害に遭っているんだろうね」と言うと、彼女は下を向いて「そう……なのかな」とつぶやいた。

——私も高校生のときは『自分は平気』って思って色々やっていたけど、大丈夫だと思っていてひどい目に遭った友達もたくさんいるよ。

「でも、そういう目的で来る人は前もってどこまでできるか聞いてくるから大丈夫ですよ」

レナは、再び強めの口調で主張する。

「そういうお客さんは、前もって確認してくるんです。『オプション何がある？』『もっとラブラブできるのないの？』『腕組んだり、体触ったりとかできないの？』って言ってくるから、断れば大丈夫。あとは、『僕とどう』『やらない』って聞いてくる人もたくさんいます。だけど、お客さんからしてみれば、前払いでお金を払ったのにできなかったら面白くないじゃないですか。だからみんな、先に交渉してくるので断れば大丈夫」

彼女は、自分に言い聞かせるように「大丈夫」と繰り返す。

店への強い所属意識

お散歩やリフレ店の取り締まりは2013年の夏ごろから厳しくなり、レナと会う少し前にも近所の店が摘発されていた。それについてどう思っているのか聞いてみた。

「こういう仕事だから、警察に目をつけられているっていうか、何があってもおかしくないっていう気持ちでいるから。お散歩の高校生が捕まった時も、特に何も思わなかった。うちのお店は関係ないから大丈夫。捕まった子は知り合いではなかったけど、ツイッターのフォロワーに摘発されたお店の子がいたから、『その子は大丈夫かな』って思ったくらい」

彼女は警察に捕まることは恐れているが、事件になるような被害を客から受けることは想定していない。少女たちが性暴力の被害に遭ったり犯罪に巻き込まれたりして事件になっているのだが、どうして逮捕者が出たり、少女が保護されたりしているのか理解できていない。

「でもこの間、知り合い（といっても、一度散歩に行ったことがあるだけの客。それだけで彼女は知り合いとして信頼している）のお客さんから、『きみの店の事務所に警察が入っていくところがニュースに出ていたけど、大丈夫なの？』って言われて、『えっ』ってなりました。でも、私的には、うちのお店には裏オプをやっている子はいないから摘発されない自信があるんですよ、勝手に。警察に捕まるようなことはしていないから」

レナは必死の勢いだ。

「うちのお店、ちゃんとしている子が多いんです。なんていうか、普通に全日制の高校に通っている子がほとんどなんです。他のお店だと、通信制高校の子とか学校行ってない子が多いから、そういう子たちは平日の昼間とかでも出勤しているんですよ。みるきーにも何人か通信の子はいるんですけど、うちのお店は多分ほとんど全日制高校の子。私も都立の全日制だし、友達の紹介で入る子が多いから、学校に毎日通っているような子たちが集まって来ています。だから変なことをしている子もいない。うちのお店は安心して働ける」

レナは根拠なく「うちのお店は大丈夫」と繰り返す。口調はどんどん早くなる。

「なんだろう、勝手に自信がある！　うちのお店はそういうことやってないって。私が知らないだけなのかもしれないけど、うちのお店は厳しいんですよ。そういうのは禁止って最初に言われるし。もしそういうことをしたら、辞めさせられちゃう決まりなんです。そういうところがちゃんとしているから、ちゃんとした子が多いのかもしれない。店長もそういう人じゃないと思う。私はそう思ってる。お店に対して信頼しています」

他の少女や店長と話をする機会はあまりないと言っていたのに、彼女には店への強い所属意識と信頼がある。面接時から、「お散歩は健全な仕事だ」「警察に注意されても心配はない」と教育されているのだ。彼女の話す姿を見ていると、危険が身近にあることは察しているが、認めたくないという気持ちが強いようだ。

「でも、いるんですよ、怪しい子が。その子はきっと、店長にもチェックされている。もし摘発されるようなことがあったら原因はこいつだろうみたいな子は、います」

私はその後の取材で、「うちのお店には裏オプをやっている子はいない」というレナの主張がまったくの幻想であることを思い知らされる。

少女たちは知らない

「今の仕事は楽だし、お話しするのは好きだから思ったより楽しくやっているんですけど、最初、そういう仕事があるって聞いたときは『え、それ大丈夫なの』って思っていました。でも、やってみたら思ったほどでもなかったです。危ないことはそんなにないし、変な人は断れば大丈夫だし。

最初は妹がグレてるから、その妹に紹介してもらう仕事ってどんなものだろうと思っていたし、男の人とお散歩する仕事ってイメージ的にはよくなくって。ヤクザが関わっているような仕事だったらどうしようと思っていたけど、実際そういう人もいなかったから。

あーでも、何かあったときのために裏にはヤクザみたいな人もいるみたいだけど、どうなんだろう。１回そういう感じの人が何人か事務所に来ていたことがあったんです。でも、その人も別に、怒鳴ったり脅したりしてこなかったし、そんな怖い感じじゃなかった」

彼女のイメージするヤクザとは、ヤクザ映画に出てくるような風貌の男たちらしい。

「でも、なんかそっちの世界っぽい人はいるんですよね。前に、それっぽい男の人が来ていて、『あの人誰?』ってお店の女の子たちと話題になったときに、お店の子が『あれはケツ持ちだよ』って言っていたんですよ。妹とか、その時一緒にいた女の子たちはそういうことに詳しいからわかっているみたいなんですけど、私はそれがどういう意味なのかわからなくて。その人は普段は事務所にいなくて、いつもいるのはパパ（オーナー）とデザイナー（店長）の2人だから、ヤクザとのつながりは多分ないんですけど」

「ケツ持ち」とは、水商売や風俗店のバックに付き、何かトラブルがあったときにそれを処理する役割を担う人や組織のことだ。みるきーのホームページには、

・当店では風俗サービスは一切行っておりません。
・当店ではハグ等の密着サービスは一切行っておりません。
・その他、違法と判断される行為は一切行っておりません。
・お客様の性的行為の強要、スカウトおよび同業他社の声かけを含むスカウト行為等が発覚した場合、関係所轄等への対応を行わせていただきます。

と書いてあるが、最後の一文にある「関係所轄」とは、そういう人たちのことだろう。「うちにはしっかりバックがついているぞ」ということを示すためにこう記載してある。レナはそのことを知らずに、「関係所轄」の人たちのことを「ヤンキーみたいなおじさん」と話す。

「あの通りはなんか、ヤンキーみたいなおじさんが多いんですよ。何をしているのかわからないんですけど、なんか歩いているんですよ。あの通りをずーっと歩いてて、女の子をチェックしているのかなと思ったんだけど、別に話しかけたりもしてこない。普通のおじさん。あの人たち、絶対仕事とかしてないと思う。毎日いる人は、ほんとうに毎日いるんですよ。女の子がビラを配っている側でパイプ椅子を出して座っていたりもするんですけど、別に何かを話すわけじゃなくて。あの通りをいつも見てるだけ」

彼女はお散歩店やリフレ店が、水商売や風俗の世界と「関係所轄」を通して密接につながっていることを知らない。

少女を取り込む仕組み

みるきーには、たくさんの少女が在籍している。ホームページに顔写真付きで掲載されているだけでも50名以上、ツイッターで仕事用のアカウントを作っているのもこの店だけで100名を超える。顔出しNGでサイトに写真を掲載していない子や、ツイッターを使用していない子もおり、その数は把握しきれない。

友人の紹介や、街でのスカウトを経て入店する少女の他に、求人情報サイトやSNSなどでスタッフ募集の書き込みを見て、自ら面接に行く少女も少なくない。ちなみに「お散歩」というのは通称で、表向きは「女子高生による観光案内の仕事」ということになっている。ほんとうに観光案内をするバイトだと思って店に面接に行く少女もいる。

店のホームページには、こんな言葉が並んでいる。

【女子高生人気No.1アルバイト！　観光案内ツアーガイド募集！】
お仕事内容：お客様を案内するお仕事です！
条件：高校生。18歳未満歓迎！　現役女子高生が大勢活躍中！
　頑張り次第で1日3万円以上稼いでいる子もいます☆
★秋葉原でも有名な、可愛い子が集まるお店です♪
当店のキャスト同士は仲が良く、面倒な事はありません！

和気あいあいとお仕事しています。

★髪型、服装、ネイル等完全自由。あなたの個性を活かしてお仕事ができます！
★完全日払い、完全自由出勤。空いている時間を活かして賢く稼げる☆
★面接時に履歴書不要。面接当日体験入店する場合は、バック率１００％。
★今だけ期間限定。入店祝い金１万円差し上げます！　繁忙期にはボーナス支給有。
★弊社はモデル事務所と提携しており、読者モデルとして活躍している子も多数在籍。
あなたの夢を応援します！
※当店は風俗店ではありません。不安なことはスタッフに気軽に相談！　当店は警察の指導を受けて、営業を許可されたお店です。個室や接触、女の子が嫌がることは一切ありません。女の子を大切にしているので、安心して働けます。テレビなどで心配されている摘発の心配もありません。

店は少女たちを惹きつけるうたい文句や方法を知っている。どれも少女たちにとって魅力的な条件ばかりだ。しかし、実際には「提携している芸能事務所」が児童ポルノやアダルトビデオ関係のプロダクションだったという話や、面接時にわけのわからないまま水着を着させられ、断れないまま写真を撮られ、それをダシに働かされた少女もいる。

また、ほとんどの店には系列店がある。数人の仲間で数店舗を経営しているのだ。そうすれば1店舗でトラブルが起きたり摘発されたりしても、系列店に少女を移籍させることでスタッフの少女も常連客も失うことなく仕事を続けることができる。さらに、それぞれの店に違った特徴づけをすることで、様々なタイプの少女や客を集めることができるのだ。

たとえば、レナが働くみるきーは、甘いお菓子にならった名前もそうだが、ホームページなどのデザインも可愛らしくしてある。チラシにはピースサインをする少女の絵と基本料金の他に、「みるきーちゃんと観光案内ツアー～☆　ろんぐコースあり☆　写メ・プリクラ・コスプレなどオプション多数あり　スタッフ募集！　詳しくは電話０７０‐××××‐×××× 。風俗店ではありません！　安心して働ける新店舗です!.」と丸文字で書かれている。

一方、系列店の「Happier」のチラシは黒・白・ゴールドを基調にし、「お姉系」や「ギャル系」の少女に好まれそうなデザインだ。茶髪でハーフ顔の少女の写真が大きく載っていて、「♡ cutie girls tour guide ♡ New Open」と書かれている。

「Happier」はみるきーのオープンから3ヶ月後にオープンしているが、オーナー・店長・事務所・連絡先はすべてみるきーと同じだ。少女は気に入った店を「自分で選ぶ」ことで、主体性と所属意識を持つことになる。

友達紹介制度

また、働く女子高生がどんどん増えるのにはわけがある。それが、友達紹介制度だ。友人を店に紹介すると、最初の1ヶ月間友人が稼いだ売り上げの10％が紹介者の少女に入る仕組みだ。「紹介した人にはお店の取り分の10％が入る。だから可愛い子を連れて行けば、それだけでも儲かるんです。顔がよくなくても頑張り次第で、面白い子、お話上手の子、たくさん出勤して常連をつかんでいる子がランキングで上位になっています」

友人同士で働かせることは、他にも店にメリットがある。少女たちが友人同士で小さなコミュニティーをつくることで管理しやすくなり、互いが支え合い仕事をするようになって離職率も下がるのだ。

〈調査から〉

「JK産業」への入店経緯の1位は「友人の紹介」で11名。続いて「スカウトの紹介」が9名、「自分で調べて」が8名、「SNSを通して」が3名だった。今も日々、街中やSNSなどを通して少女たちへの声かけは行われている。

ランキング&ボーナス制度

毎月売り上げが1位の子には、5000円のボーナスが出る。

「1位になる子はだいたいいつも同じで、学校に行かずに毎日出勤できるような子です。私は一度だけ4位になれたことがあるんですよ」と、レナは嬉しそうに笑った。「今月ランクインしたよ、頑張ったね」とオーナーに言われて認められた気がしたという彼女はそのとき、1ヶ月で20万近く(彼女の取り分は60%なので、売り上げは35万円ほど)稼いだ。

「夏休みだったから、毎日出勤していたんです。一番稼げた日で、2万円くらい。妹は前『お金が貯まりすぎて何に使っていいかわからなくなる』って言っていました」

店は少女たちを競わせ、目標を持たせて働かせている。出勤が減ると「もっと頑張って」と注意したり背中を押したりし、客が取れたら褒めて少女に肯定感とやりがいを与えている。

この店には、毎週5人前後の新人が入ってきているが、少女たちは客引きから対応までですべてを１人で行うため、会話することはほとんどなく、「同じお店でも、他の子と知り合う機会ってあんまりない」のだという。

「ビラ配りはあの通りだったらどこでしてもいいんですけど、他の女の子が近くに立っていると邪魔なんですよ。お客さんは並んでいる女の子からお散歩に連れて行く子を選ぶわけだから、女の子同士の微妙な距離感とか緊張感はあります。週末になると常に40人くらいの女子高生が並んでいるから、殺伐とした雰囲気。みんな、体を触ってこないようないいお客さんを取りたいんで、他の女の子と仲良くなりすぎても良くないのかなって」

みるきーでは少女同士の連絡先の交換やプライベートでの交際が禁止されているが、毎月少女を集めた食事会を開催し、全員で一致団結して店をつくろうと教育する店もある。

自由出勤

――お散歩は、週何回くらいやっているの？

「部活次第、ほんと超気まぐれです。一応出勤する前に連絡くれとは言われますけど、その他はあまり制約ないですね。遅刻しても怒られたりしないし」

お散歩の特徴の１つは「自由出勤」。好きな時に出勤して、好きな時に帰ることができる。

前の週までにシフトを出すように店から一応言われているが、客から指名予約が入っていない限り、遅刻や欠席を注意されることはなく、突然出勤してもよい。

危険を感じたり、親に説得されたりしてやめていく子もいるが、「自由出勤」のこの仕事には「やめる・やめない」の正式な区別がなく、出勤をやめても所属はなくならない。いつでも復帰できるため、お金が必要になると数日間だけ働いて稼ごうと戻ってくる少女も後を絶たない。巧みな手口で誘い込み、始めると簡単には足を洗えないようになっている。

父子家庭で育つ

お散歩をやっていることを、彼女は親に黙っている。

「うち、父子家庭なんです。だから余計、パパが心配性だから絶対言えない。で、うちはお金があんまりないから、その分自分でやりくりしているんです。お小遣いをもらっていないから、遊びに行くお金、交通費、友達とご飯に行く時のお金を全部自分で出している。家庭のお金の事情もあるし自分でやりくりしていかなきゃいけないから、こういう仕事をしていても仕方ないでしょって勝手に納得しています」

レナが5歳のとき、母親は病気で亡くなった。当時3歳だった妹は、母親のことはほとんど覚えていない。面倒は祖母が見てくれたが、レナは幼いころから家事や妹の世話をしてきた。子どものころからパパっ子だったレナは、今でも夏には地元の祭りで父親と一緒に神輿を担いでいるという。家族は仲が良く、父、レナ、妹の３人で毎晩３段ベッドで寝ている。

「ベッドの一番上が私で、２段目が妹で、３段目がパパで。いつも夜、リビングで妹とぐうたらしているとパパが仕事から帰ってくるから、そうしたらみんなでベッドに行くんです。寝る前にパパが話しかけてきて、深夜なのにクイズの出し合いっこになったりします。妹は反抗期だけど、パパ嫌いな反抗期じゃなくて、家族より友達といたい反抗期みたいな感じで、家族喧嘩もあまりないです」

表情から、父親のことが大好きなんだという気持ちが伝わってくるが、お散歩をしている理由に話を戻すと、顔から明るさは消えてしまった。

「うち自営業なんで、あんまりお金がないんですよ。パパが居酒屋を経営しているけど、決まったお金が毎月入るわけじゃないから、やりくりに苦労していて。姉妹でこういう仕事をしているけど、パパの誕生日プレゼントを買ってあげたりもするし、洋服も自分で買っているからそんなに悪いと思っていないっていうか、罪悪感はあるようなないような……」

後ろめたさを隠すように話すレナの顔はひきつっている。バイトをしていることすら父親に伝えていない彼女は、「持っているお金は、おばあちゃんがたまにうちに来るときにくれた」ということにしている。

「前に働いていたファミレスは、ちゃんとしたバイトじゃないですか。だから、バイトを始めるときに住民票や通帳が必要なんですよ。でもお散歩は給料も手取りだし、初めに身分証明書をコピーされるくらいで働ける。一応、親の承諾書は必要ってことになっているんですけど、それも形だけで、その場で自分で書いちゃいました。

店長も見ていたけど、何も言われませんでした。元々うちは父子家庭だから、学校に出す書類に保護者のハンコが必要なときも、妹の分も昔から私が自分で書くことが多いんです。だから、いつものことみたいな感じで、お散歩を始めるときも自分でハンコを押したから、お父さんに言わずに始められました」

「お父さんが知ったら心配しそう」と私が言うと、話をそらされてしまった。

仕事を終えて家に帰ると、レナはその日に稼いだお金をお菓子の空き箱に入れて学習机の上に置き、貯めている。それらは部活にかかる費用（他校との合同ライブや大会に出場するための交通費や活動費など）や、友達との交際費、食費や洋服代などにしており、「この仕事は稼げるけど、私は部活にお金がかかるから貯まっても5万～6万。今は2万円くらいしか持っていない」と言っていた。

「お金が必要なときはパパに言えばくれるけど、高校生になると自分で買い物に行くようになるし、家計が苦しいのにお父さんにもらうのを遠慮しちゃって自分で稼ごうと思って」

レナによると、彼女がこの仕事をしている理由は、①部活や受験勉強のためシフト制のアルバイトをする時間がなかなか取れないこと、②家計が苦しいこと、③そんな中、仕事を一生懸命頑張っている父親に小遣いをもらうのを遠慮してしまうことの３つ。そして、彼女には「うちは他の家と違う事情がある」という意識が強くある。

「同級生も一緒にお散歩を始めたんですけど、その子にはちゃんと親がいるから、帰りが遅いと怒られるし、受験に備えて勉強しなさいと言われてやめました。うちはパパが夜の仕事だから、遅く帰ってきてもわからない。だから、パパより早く帰ってくるのが目標。23時までにはお家に帰るから、ばれてない」

レナは「うちは父子家庭だから」「あの子のうちには親がいるから」と何度も口にした。彼女を見ていると、心のどこかで父親に気づいて欲しいと思っているのではないかとすら思えた。そして同時に、「家庭を支えたい、迷惑をかけたくない。自分のことは自分でしなければ」という意思を持っていることが伝わってきた。

金銭感覚

「金銭感覚は狂わない？」と聞くと、レナは「むしろ、普通になったっていう感覚」と答えた。

「私、物欲があまりないんですよ。でも、この仕事を始めてからは、パパからお金を貰っていた時よりはいい服を買うようになりました。前は1000〜2000円台の服しか買わなかったけど、今は4000〜5000円の服も買うようになった。今までは服が欲しくても遠慮して言えなかったから、金銭感覚が狂ったっていうよりは、むしろやっと普通になったっていう感じだと思う。同世代の他の子みたいに、人並みの買い物ができるようになった感じ」

この姉妹は、周りの友人たちが当たり前のようにやっている「たまの贅沢」や「ちょっとしたオシャレ」をするために、不特定多数の男性を相手に働いている。

「お散歩みたいな仕事があるってもっと早く知りたかった。お店で私が一番年上なんです。高3だと受験生だから働ける時間も少ないし、高1からやっている子がうらやましいです。もっと若いうちから働いてお金を貯めたかった」

〈調査から〉

「この仕事を始めて金銭感覚や価値観は変わりましたか」という質問には31名中18名が「はい」と答えている。また、「JK産業で働く理由」の1位は、29名が答えた「時給が良いから」だった。

しかし、少女たちの収入は意外と少ない。「平均月収はいくらか」という質問には2万～15万円という回答のばらつきがあり、平均すると6万7000円という結果になった。

「最高月収はいくらか」では3万～23万円と幅があり、最低月収の平均は3万6000円。

少女たちの多くは「給料が良い」と思って働いているが、平均して月に10万円以上稼いでいるのは11名、うち7名は高校中退者、2名は通信制高校在学者であり、昼から夜まで週5～6日のペースで出勤している少女たちだった。

先の質問の2位は「出勤が自由だから」で11名、次いで「友達が一緒だから」10名。そして、「スタッフや経営者に世話になっているから」が6名もいた。店のスタッフは彼女たちを心配し、世話をしてくれる大人ということになっている。

他の仕事でも同程度の金額が稼げること、性被害や金銭感覚を狂わせるリスクなく働けることを説明すると、「そっか、他でもいいんですけどね」と言う。それでも彼女たちは、一度踏み入れてしまうと、なかなか抜け出せなくなっていく。

心遣いのできる少女

――もし、高校生がお散歩で働けなくなったらどうする?

「今は受験生だから時間が縛られる普通のバイトはしないけど、もし時間があったら前みたいに普通のバイトをすると思う」

彼女は高校卒業後もできることならお散歩で稼ぎたいというが、18歳以上になると系列のリフレ店に移籍させられる子が多いことや、今の店には現役高校生しかいないことから、「多分、高校卒業したらお散歩では働けないと思う。でも、リフレだと男の人を触らなきゃいけないからそれは嫌だな」と話す。

お散歩という仕事を知らなければ、きっとレナは、見知らぬ男性たちから援助交際の誘いやセクハラを受けるような場所に自ら足を踏み入れることはなかっただろう。今日も部活の後で出勤するつもりだという彼女に、「困ったときには連絡するように」と言って私は彼女と別れた。

レナは心遣いのできる少女だった。段差があるところで「気を付けてくださいね」と声をかけてくれたり、エスカレーターに私を先に通してくれたり、言葉づかいにも気を遣い、言葉を選んで話していた。母親の影響で子どもの頃から三味線を習っているという彼女は、習い事や家業の手伝いをしてきたからか、育ちが良くしっかり者の長女らしい雰囲気があった。

「私には妹がいるから、子どもの頃から小さい子と遊ぶことが多かったし、小さい子が好きなんです。自分もお母さんがいないで育ったから、将来はお母さんがいなかったりする子の、お母さん代わりみたいになれたらいいなと思っています」

レナは保育士になるため、４年制大学の教育学科への進学を希望している。受験に向けて、学校では必須科目以外に苦手な英語を克服するための選択科目を自主的に履修しており、放課後も週に２回塾に通っているという。勉強熱心で頑張り屋、性格が明るく学校で人気者の彼女がこんな仕事をしていることを周りの大人が知ったら驚くだろう。

そんな子が、今、日本で堂々と立ちんぼしているのだ。

＊　＊　＊

不可視化される危険

警視庁によると、ＪＫリフレが目立ち始めたのは２０１２年春ごろ。秋葉原を中心に池袋、渋谷、新宿、吉祥寺などの繁華街に店舗が増え、都内で80店舗にものぼった（「朝日新聞」２月7日付)。全国的にも類似店が相次いだ。２０１２年8月には、客が少女をストーカーする事件も起きた。

警視庁はリフレの取り締まりを検討したが、添い寝やマッサージだけで風営法違反に問うことはできなかった。そのため、18歳未満の少年少女を福祉に有害な業務に就かせることを禁じる労働基準法の適用を検討し、厚生労働省中央労働基準監督署に問い合わせた。

２０１２年12月、厚労省がＪＫリフレの営業形態を、「客に性的な慰安、快楽を与えることを目的とする業務」にあたるとの見解を示したことから警視庁は取り締まりに入った。

２０１３年１月、全国で初めて都内のＪＫリフレ店「ソイネ屋」など17店舗に労基法違反などの疑いで一斉捜査が入り、アルバイトとして働いていた中学３年生２人を含む15～17歳の少女76人を少年育成課が保護した。

２０１３年２月には、１月に捜査した店舗の店長ら４人を東京簡裁へ略式起訴した。簡裁は同日、４人に罰金30万円の略式命令を出した（「読売新聞」２月28日付）。

この頃から、観光案内を名目に街で客引きをする少女が増えていった。摘発を逃れるため、店舗を構えない「ＪＫお散歩」が急増したからだ。この春、大学を卒業し、孤立する少女の問題に取り組もうとしていた私の目には、彼女たちの姿が留まった。私は、少女に危険を伝えるため、ブログに「お散歩」や「リフレ」に関する記事を書いた。

２０１３年４月から、「児童買春につながる恐れがある」としてＪＫリフレで働く少女が補導の対象となった。それまでは少女たちを被害者として「保護」していたが、「補導」の対象としたことによって保護者への連絡が行われ、補導歴が残ることになった。

接客中でなくとも、チラシ配りをするだけで少女は補導の対象となり、15～17歳の少女11人が補導された。そのうち8人が、４月に高校に入学したばかりの新1年生だった。ここにきてようやく、客についても買春行為が確認されれば、児童買春・児童ポルノ禁止法違反容疑で積極的に摘発する動きになった。しかし、その証拠が残っていることは少ない。

2013年12月の警視庁の発表によると、当時秋葉原だけで96店舗のお散歩店が確認された。警視庁はJKリフレと同じく、労働基準法違反容疑などで店の摘発を検討したが、散歩させるだけで店の違法性を問うことは困難と判断した。そのため、「不特定多数の男性と1対1で接する営業形態そのものが少女の健全育成に有害」として、少女側を補導することでトラブルの解消を図るよう方針を切り替えた。

取り締まりが強化されても店は形を変えて営業を続けるため、実態はあまり変わっていない。JKお散歩、JKリフレの前身には「JK見学店」があった。少女が部屋で過ごす様子をガラス越しに下から覗くことができる「見学店」の摘発を受けて、「JKリフレ」も登場している。それが新たに業態を変えたのが「JKお散歩」であり、少女が店員の監視下で働く従来の「囲われ型」から、街に出る「野放し型」になったことで、危険は解消されるどころか見えにくくなっているのが実情だ。

第2章

サヤ・18歳——「JKリフレ」で働く理由

「JKリフレ」で働く少女

レナの次に出会ったのは、「JKリフレ」で働く18歳の少女だった。平日の夕方、待ち合わせの駅に現れたサヤはチョーカーを着け、赤と黒のボーダーニットを着たロックテイストな少女だった。真っ赤な口紅を塗り、ガムを噛む彼女に声をかけると微笑んでくれた。

「私なんかが話せることなんて何もないと思うんですけど……」

そんな一言で、サヤへの取材は始まった。

彼女はJKリフレが摘発の対象になる前の2012年11月から1年近く「Charmy」で働いている。平日は週に3回放課後の17時から、土日は14時から23時まで働いている。

「21時以降が一番稼げます。『夜はさみしい』っていう人とか、お酒を飲んでから来る人が多くて、アルコールとかタバコ臭い。飲み会後に集団で入ってくれるとありがたいけど」

――リフレを始めたきっかけは？

「渋谷でスカウトされたんです。こういう仕事があるんだけどやりませんかって言われて。少し怖かったけど、めっちゃ給料いいじゃないですか。だから、友達と一緒に始めました」

LINEで連絡先を交換し、翌週「面接というより、見学のつもりで店に行ったら社長に気に入られてそのまま働くことになった」そうで、その日のうちにリフレデビューをした。

「店には身分証も出さなかったし、名前も書かなかった。源氏名決めて、制服渡されて、働いて。店の人は私の本名も知らないんです。でも、怖いんですよ。店の人は刺青だらけのバリバリそっち系の人で、そっちの世界のお偉いおじさんが店に集まると『名前は？　どこ住んでる？　本当に18か？』とかドスの利いた声で聞かれるんで」

ＪＫリフレの「リフレ」は「リフレクソロジー」の略。パーテーションとカーテンで仕切られた1畳ほどの布団が敷いてあるだけのスペースで女子高生と2人きりになれるシステムで、少女との交渉次第で性的なサービスに至ることもある。

サヤの働く店は秋葉原駅から徒歩5分ほど離れたオフィス街の一角の雑居ビルの中にあり、外からはまったくわからない。店内は「照明が薄暗くエロい雰囲気で、秋葉原で流行りのアイドルの曲が流れている」という。

「あと、制服のスカートがとにかく短い。シャツもシースルーの透けた生地でやばいです」

そう言って見せてくれた写真には、確かにブラジャーが透けて今にもパンツが見えそうな短いスカートをはき、布団の上にぺたんと女の子座りをするサヤがうつっていた。

——これはやばいね。着なきゃいけないの？

「私服でもいいって言われたから始めたんですけど、お店の人に『用意されている制服に着替えたほうがお客さんが来るよ』って言われて、実際は着るしかないんですよ」

ハグ、添い寝、ほっぺにチュー

――えー、嫌じゃないの？

「嫌です嫌です。すごく嫌です」

――でも１年やっているんだ？

「はい、なんかやめられないんですよ」

彼女は月に数回、１日で５万円以上稼いでおり、働くうちに「高級ブランドの服とかアクセサリーを買うようになって、そういうのが欲しいのでやめられなくなった」という。

――一番稼いだ時でいくら？

「最高で12万稼ぎました。つい最近ですね。もう使っちゃったんですけど」

――えっ、ひと月で？

「いや、１日で。お客さん７人ついて、オプション色々やったんで」

――オプションって何があるの？

「ハグ、添い寝、ほっぺにチュー」

——嫌じゃないの？

「嫌です。だからチューとかは、気持ち悪い人とか臭い人には言わない」

サヤが働く店のオプションは「ハグし放題」30分5000円の1種類のみ。店からはそれに加えてオリジナルのオプションを考えてサービスするようにと言われており、彼女は「添い寝と、ほっぺにチューし放題」もハグとセットでサービスしている。店を通すとオプション代の半額を取られてしまうので、店には黙って客から受け取ったお代は下着の中に隠しておくそうだ。

「オプションは全員につけます。同情を誘ったりとか、甘えたりとかして」

客にお金に困っていることや家の事情を話して、お小遣いをもらうこともある。

——そういうこと、元々できたの？

「できなかったです。先輩の後ろをこっそりついていって、テクニックを盗みました。あとは、客引き中の女の子の後ろで盗み聞きしたりとか。お金めっちゃ欲しいんで、みんながどうやってお客さんを取っているのか勉強しました」

稼いだお金の半分を親に渡す

「稼ぐようになってから、服やブランドものを買う癖がついてしまってやめられない」と言っていた彼女だが、話を聞くうち、稼いだお金の半分を親に渡していることがわかった。

親にお金を渡せと言われるようになったのは、公立高校の受験に落ちて、私立高校に通うようになってから。2年後に弟も公立高校に落ちて、今同じ高校に通っている。

「受験に落ちてから、親がお金の話をすごくしてくるんですよ。とにかくお金を入れろって言われてそれがめっちゃ悔しいんで、親にお金を入れるために働いているんです」

彼女は、パートをしている40代の母親とハタチになる兄、16歳の弟と暮らしている。会社員の父親は単身赴任や出張を繰り返しほとんど家におらず、出張先から「給料が削減されて金がない。お前のせいで金がかかるんだから稼げ」と電話がかかってくるそうだ。

――親にいくら渡してるの？

「2万稼いだら1万あげて、3万稼いだら1万5000円あげる。だいたい毎回稼いだ半分を母親に渡しています」

――お金を渡しはじめたきっかけは？

「しつこく言われすぎて、『じゃああげればいいんだな』って思って。最初はイライラしながら渡していたんだけど、今はもう慣れました。明日、明後日も仕事に入っているんですけど、3万~4万稼がないと親に十分な額をあげられないんで頑張ります。最近おじいちゃんが老人ホームに入ってお金がかかるって親が騒いでいるし、私も服欲しいし」

母親は、サヤから受け取ったお金を食費や家賃にしているそうだ。

——お兄ちゃんや弟も家にお金を入れているの?

「私だけです。兄はバイトしているんですけど、お金のことは私だけが言われるので」

——えー、なんで?

私がそうつぶやくと、「お兄ちゃんはお母さんにすごく可愛がられていて甘やかされているからかな。弟も言われないです。なんか自分だけ言われちゃって」と、うつむいた。

「親は、昔はめっちゃ優しかったんです。いい人でした。でも今はお金のことで毎日喧嘩しちゃって……。中学の時は平和だったんですけど、高校になってから変わった。受験に落ちてから『お金お金』って。お兄ちゃんは公立高校に行ったんで、高校生の時にバイトをしていなくても何も言われていなかった。今は私立大学に行っているんですけど。

なんで私だけなんですかね。考えたこともなかった。真ん中っ子って大体そうじゃないんですか? うちだけなのかな。でも、もういいやって思っているので。もう仕方ない。多分親は変わらないから。うるさく言われないように渡せばいいやって。しょうがない」

彼女は上っ面な笑みを浮かべながら話した。

――お金のこと、どのくらい言われるの？

「朝起きてからと、歯磨き中、学校へ行くとき、学校から帰った後、ご飯食べているとき、おふろ入った後と、寝る前とか」

――そんなに？

「毎朝貯金残高を言われて『金がない、お前の授業料でいくら消える』『銀行に借金しているのはお前のせいだぞ』とか言われます。うるさいんで、いつもお金は無言で渡します。月に5万～10万くらいは渡すか、お母さんの鞄の中に入れます。お母さんの反応は『ああ』『当たり前だろ』みたいな感じ。お父さんは『少しくらい家に金を入れてくれてもいいんじゃないの。金がない。はー』ってため息をつく感じ」

――そんなに渡していたら、どんな仕事をしているのか聞かれない？

「親には、日払いで引っ越しのバイトをしているって言っているんですよ」

――この体形で引っ越し？　無理でしょ！

小鹿のように細い体形の彼女に、とても引っ越しの仕事ができるようには思えない。

「親は気付かないのか、気付いているのに知らんぷりしているかだと思う。この仕事始める前、高1のときは寿司屋と歯医者とラーメン屋と、バーテンダーのバイトをしていました。親にお金を渡すため、稼げるのは何かなと思ってやってみたんです。バーテンは、ラーメン屋のバイトで知り合った20歳の友人から保険証借りて、応募して銀座で。帰りが朝5時で、家に帰らずに学校へ行っていたけど、そのときも親には何の心配もされませんでした。平日週3で働いて、時給は1100円。朝仕事が終わったら、マンガ喫茶で化粧を落として、シャワーを浴びて登校。制服は駅のロッカーに入れてクローゼット代わりにしていたんです」

嫌なことを言われても、家族のことは好き

――親にはリフレをやっていることは言えない?

「言えないです。多分言ったら怒られるだけじゃ済まないと思う。昨日、テレビでお散歩のニュースやっていたのを見ました? そのとき親と一緒にテレビを見ていたんだけど、めっちゃ気まずくて。『あんたは大丈夫だよね? やったらただじゃおかないから』と言われたので怖いです。警察沙汰になったりするのが嫌だからだと思うけど」

サヤは「嫌なことを言われても、こき使われても、家族のことが好き」だという。

「親とは普段会話もないいし、出かけたりすることもないけど、この前、弟の誕生日プレゼントをお母さんと一緒に買いに行ったんです。そのときにお母さんがピアスを買ってくれたのがすごく嬉しくて。久しぶりにプレゼントをもらったの」

母親と買い物に行ったことやアクセサリーを買ってもらったことが相当嬉しかったようで、この話を何度もしていた。

「お父さんは海外だし、お兄ちゃんともあんまり話さない。弟とは仲良くてよく話すんですけど、弟は思春期なので絶対にリフレのことは言えないです」

──思春期って、自分だってそうじゃないの？

「そうですね。私も始めたときは思春期だった。でも１年やったら変わりましたね。色んなもの見てきたから……」

〈調査から〉

「働いていることを親に隠している」と答えたのは31名中27名。「友達」には25名が内緒にしており、「誰にも隠していない」と答えたのは３名だけだった。また、

「お金に困ったこと」が「ある」と答えたのは11名だった。

家出、マンガ喫茶

親との言い合いが重なると、サヤは家出する。

「泊めてくれる人もいないし、いつも行くのはマンガ喫茶なんです。毎日お金のことでイライラしちゃって。親の言葉は受け流すようにしているんですけど、さすがに何回も言われるとイライラするじゃないですか。私は服やアクセサリーが好きで、ストレス発散のためにも買うんですけど、新しい服を親が見ると『そんな金があるならよこしなさい』と言われたり、持ち物を勝手に売られていたことがあって、それで家出しちゃったり。友達と遊ぶときも、絶対言いません。『そんな時間があるなら働きなさい』と言われるから、いつも『仕事行ってくる』と言って家を出ます。親はヤンキーみたいな感じなので、怖いんですよ。お母さんは高校生のときから無免で運転、お父さんは元ホストでお酒を飲むと怖い」

一人暮らしをしたいとは、ずっと思っているという。2LDKの賃貸マンションに家族5人で暮らしている彼女には、自分の部屋がない。兄弟3人で相部屋で、友達との電話も好きな人の話も全部聞かれてしまうそうだ。

両親がサヤを褒めてくれるのは、高級ブランド品を持っているときだけ。「センスいいじゃん」と言われたくて、彼女は稼いだお金でプラダやシャネルのバックやアクセサリーを持つようにしている。

——それでも家族のことが好きなの？

「好きですねー。でも早く独り立ちしたいですね。お母さんは、たまーにいいところがあるんで嫌いになれない。『明日テストだから何時に起きなきゃ』と弟と話していたら、翌朝時間に合わせて作ったお弁当と『テスト頑張りなさい』という置き手紙があったりすると」

全裸にされて1万円

サヤは客について、「危ない目に遭ったことなんて数えきれませんよ」と笑いながら話す。

「この前、タダで胸を触らせろって言う客がいたんです。最初に『サヤちゃんに盗まれないように』とかいってマネージャーに財布を預けて用意周到で。デブで汗ばんでいて気持ち悪くて、ほんとキモオタみたいな感じの奴だったんですけど、すっごい力でいきなり体を押さえてきて、ブラジャーを片手でスパッて外されてパンツも脱がされて無理やり触られて、やばいって思ったけど怖くて声が出なくて震えちゃって。かなり乱暴だったんで、左右のパーテーションに私の身体が当たってドンドン音がしていたから、マネージャーが気づいて部屋に来て『おい何してるんだ』ってなって。すぐに社長がヤクザみたいな連中を連れて来て、客は土下座させられていました。私はマネージャーから1万円の慰謝料を渡されたんですけど、店は客からいくら取ったんでしょうね。表沙汰になれば自分の身も危ないのかなと思って誰にも言えなかったんですけど、危ない仕事ですよね」

――そんな思いをして、やめようと思わなかったの？

「それが2013年の1月くらいで、その時常連さんが2人いたんです。その人たちに『お願いだからやめないで』ってめっちゃ言われて、しょうがないからネットから指名で予約が入ったときにだけ出勤することにしたんです。そうしたら『せっかく来たんだからついでに働いて行きなよ』と店に言われて、どんどん増えちゃって」

――他に危なかったことは？

「私はそれが一番危なかったことで、それからは上手くかわしているんで大丈夫です。でも、友達が客にお尻の穴に指を入れられたことがありました。社長は『そのくらい別にいいじゃん』って言っていたんですけど、友達はそれで気持ち悪くなってやめました。あとは、前は店が決めたオプションがなくて、全部自分で決めなきゃいけなかったんで5秒間3000円でパンツを見せていました」

──他の子も、そういうことをしているの？

「どうなんですかね。お店の子と話さないんで、聞いたことないです。うちの店、女の子のレベルが高くてかわいい子がいっぱいいるんで気まずいんです。お客さん取られちゃうからお互い仲良くしないし、客を取る方法も教えない」

少女たちは客を取るため、どんどん過激なサービスをするようになるのだ。

〈調査から〉
「仕事中、危険を感じたことはありますか」
「よくある」13名、「まあある」13名、「あまりない」4名、「まったくない」1名。

ほとんどが「抜き客」

――お客さんはどんな人が来るの？

「きもち悪い人。イケメンは絶対来ない。デブで汗ばんでいるのが多い。冬でも汗ばんでいる。そういうやつはだいたい腰を引き寄せてくるんで、私のシャツに汗がつく。あと、すごく触られます。きもいけどみんながやってくることだから、後でオプション代を貰えればいいかなみたいな。ビラ配り中にお尻を触ってきたり、スカートをめくってきたりする人もいるんで、そういう人にはお金をもらいます。１０００円とか。

あと、オタクが多いんで冷たい態度を取るとすぐネットで叩かれるんです。私、客引きが苦手なんですよ。嫌じゃないですか、周りに女の子ばっかりでみんなが客を取っているのに自分だけ売れ残っているみたいなの。自信なくて下向いて携帯をいじっていたら、ネットの掲示板に『Charmy のサヤはチラシ配りやる気ない』『あの子前に入ったけどいまいちだった』とか書かれて傷ついて。それから冷たい態度は取らないようにしているんです」

――個人で会おうとかは言われないの？

「よく言われます。でも一回もやったことないです。耳元で『いくらでやれる？』って小声で聞いてくる人も多い。しつこいときは、店のマネージャーを呼ぶから大丈夫」

――客は興奮しちゃったりしないの？

「大事なところは毎回起っていますよ。全員起ってる。客引き中はコートを着ているんですけど、お客さんがついたら部屋に入ってまずコートを脱ぐじゃないですか。それだけで1段階起き上がります。見て見ぬふりして、その後マッサージします。客の顔を見たくないんで、うつ伏せで背中をマッサージするんですけど、だんだん息が荒くなってきて『ちょっともうやめよう、普通におしゃべりしよう』とか言って客が起き上がってきます。大体その後は『あそこがジーパンに締め付けられて痛い』って言い始めて、『お願い抜いて』って言われる。断ると、『じゃあちょっと待って』って言ってその場で自分で抜くんですよ」

――えっ、そこで出すの？

「そうなんです。部屋にティッシュもないので、お客さんは自分で処理したあと、出たものを手に乗せてカピカピのまま帰るんです。笑えるんですけど、もう慣れちゃって」

――そういう人っていっぱいいるの？

「はい。もう数えきれないくらい。ほとんどです。10人いたら8人はそう。抜きに来ているんですよね。背中を向けていたとしても、女の子がそこにいると思うと興奮するんじゃないですか。常連さんはそういう人じゃなかったけど、あとはほぼそう」

危険な写真撮影

彼女の店では撮影会も行っていて、彼女はモデルの仕事もしている。マンションの中にリフレ用のスペースが４つ並んだ部屋と、撮影スタジオとして使用されている部屋がある。スタジオといっても居住用のウィークリーマンションで、そこでコスプレをして撮影したり、着衣風呂をしたりする。「たまにレズの人が写真を撮りにくるけど、ほとんどが男の人なんで、四つん這いとかパンツギリギリまでめくったりして」写真を撮られている。

――顔も撮られて、いいの？

「嫌ですよ。だから、ネットに載せられていないか定期的にチェックしているんですけど、どこに載っているかなんてわからないじゃないですか。載せないようにとは言っているんですけど……。リスクがあるから、撮影会はＮＧの子がほとんどです」

――サヤちゃんはなんでＯＫしてるの？

「客に触らなくていいから、楽なんですよ。単価が30分５０００〜６０００円で、その半分が給料として入る。動画もプラス３０００円で撮れます。この前、ひたすらお尻で風船を割る仕事をしました。30分ずっと風船を割るだけで１万円」

ＪＫリフレやお散歩の摘発がすすむと、撮影会にも注目が集まり、メディアで取り上げられた。こちらも児童買春の温床になっており、室内で暴行されたり、写真の流出や悪用の被害に遭ったりする可能性も高い。

日本では、児童ポルノ事件が後を絶たず、被害認知件数は毎年増え続けている。２０１３年に全国の警察が摘発した児童ポルノ事件は１６４４件に上り、統計を取り始めた平成12年以降、過去最多となった。身元を特定した18歳未満の被害児童数も前年より約22％増え、６４６人で過去最多となった（警察庁「児童虐待及び福祉犯の検挙状況等（平成25年1～12月）」）。誰でも簡単にネット上で画像を共有できるようになったことにより、写真を撮られてネットに晒すと脅されるケースは多発し、ＳＮＳでは自ら裸の写真を掲載している少女も存在する。

実は、この「撮影会」も新しくできた業態ではなく、私が高校生の頃から存在していた。アイドルやコスプレ、メイドが流行るようになった２０００年代、オタクたちは撮影会ブームに沸いていた。仲間内で撮影し合い、自らその写真を管理できるなら良いが、バイトで撮影モデルをする少女たちはデータを客に託すほかない。データをもとに脅され、わいせつ行為をされることもある。

将来のこと

――これからどうなると思う？

「将来ですか？　絶対やばいですよね。キャバに行くかもしれないです。今働いている店の系列にキャバがあるらしいんで、そこで働きなって社長に誘われています」

私は彼女に、高校時代の友人の話をした。系列店をたどって15歳でメイドカフェ、17歳でガールズバー、18歳でキャバクラへ行った友人は25歳を目前にした今、3歳になる子どもを抱え、生活に困っている。10代からやっていた夜の仕事で体を壊し、風俗やAVの世界に流れ着き、必死に生活をしている友人も少なくない。

――金銭感覚も、性的感覚も、職業観も、狂っちゃうとやばいよ。

「じゃあ、今やばいですね私……でも、今はこの先のことを考えられない。夢はあるんですけど……」

サヤの夢はドルフィントレーナーになること。幼稚園のときに水族館でショーを見てから憧れていた。

「イルカと一緒に働けたらいいなって子どもの時からずっと思っているんですけど、ドルフィントレーナーは給料が17万くらいで今より安いんですよ」

すでに受験に合格し、専門学校への進学を決めている彼女は、「21歳くらいまでは学校が休みの日だけでもリフレかキャバで働こうかなって思っています」と言っていた。

サヤの秘密

一通り話を聞き終わると、サヤが突然「恋バナ」を始めた。

「3月までに、告白しようと思っているんです」

――誰に？

「学校の先生なんですけど、めっちゃ好きなんですよ。高校卒業までに告白して、その人の家に住みつくっていうのが目標。今日も体調が悪くて保健室で寝ていたら、ずっと側で付き添ってくれたんです。先生に彼女はいないらしいんで、『超好きです』ってずっと言っています。直接言ったり、ＬＩＮＥで言ったりとか」

――先生とＬＩＮＥするの？

「ＬＩＮＥはクラス全員でグループをつくってやっていて、そこに先生も入っているから連絡先を知っているんです。でも私だけ家の電話番号も知っています。なんか前に『携帯壊れているから、何かあったら家に電話して』って教えてくれたんです」

――電話、結構するの？

「しますね。先生と話したいから、夜に『悩みがある』と言ってかけるんです。先生は27歳で、数学担当。だから数学が得意になりました。テストで１００点とってアピールしています。他の教科は赤点ばっかりで20点とか30点とかなんですけどね」

――先生がリフレで働いていることを知ったら心配しない？

「そのことも先生にだけ言っているんです。そうしたら頭をペッて叩かれて、危ないからやめなさいって言われた。けどやめられない。だからそのことで、よくケンカしちゃう」

――いつから片思いしているの？

「去年の４月からです。高２で先生が担任になってすぐの頃にちょっと色々あって。親にも相談できないことがあって……」

――何があったの？

「……されちゃって」

――えっ？

「レイプされちゃったんですよ、４月に。そのあと妊娠検査薬を買ってやってみたんですけど、親にも言えないから妊娠したらどうしようって不安で。そのとき、先生が担任になりたての新米で、他に相談できる人もいないし、『この人に言ってみよう』と思って話したら、『なんかあったら裁判にだってできるし、警察にもついて行ってやるから俺に言え』って言われて、そこで惚れました」

その日、中学の同級生の女友達から久々に会おうと連絡をもらったサヤは、「よっしゃー」と喜んだ。「酒もって公園集合ね」と言われ、公園に着くと２人の男がいた。暗くて顔はよく見えなかったが、金髪と茶髪でピアスがあいていた。２人とも私服だったが、高校生のようだった。公園に着くなり「お前が佐々木か?」とサヤの苗字を口にした。「えっ、誰?」と思った次の瞬間には腹を殴られ、男たちに担がれていたという。

「夜です。23時くらい。最初は口を押さえられて、次に体を殴られました。顔に怪我させると何かあったとばれるから『顔はやるなよ』って男が話していました。体中殴られて、担がれて大きい滑り台の上に連れて行かれたんです。そこに屋根で覆われて外から見えないスペースがあって、連れて行かれてされるがままって感じで完全にアウトでした」

彼女はポツポツと話す。

「１人に押さえつけられて、もう１人に入れられました。『早くしろよ』って男たちが会話していた。痛かったです。ゴムつけないでやったんで、妊娠したらどうしようってすごく怖くて。その時はアフターピルの存在とかも知らなかったので、どうしようと思っていた」

最後のほうでやっと声を出せるようになった彼女は、「助けてーやめてー」と何度も叫び、警官が駆けつけてきた。

「その瞬間、男は逃げちゃって」

彼らはサヤを誘った同級生の友人で、同級生は「襲われたくなかったら他の女を用意しろ」と脅されて、サヤを身代わりにしたそうだ。

「中学の時、結構仲良しだった子だったから、すごいショックで。今だからこうやって話せているんですけど、誰にも言えない話です。友達にも引かれたら嫌だし、言えない。エッチは初めてではなかったけど、ショックでした。それ以来誰ともヤってない」

彼女は保護され、交番に連れて行かれた。被害に遭ったことを家族に知られたくなかったため、「親がいないんで大丈夫です。帰らせてください」と涙を堪えて必死に訴えた。

「『親を呼ぶから』って本当にしつこくて、携帯も取り上げられました。『本当にやめてくださ い。絶対に言わないでください』って頼み込んだら、『じゃあ後日事情聴取だけさせて』と言われて帰りました。すぐに体を隅々まで洗って、ボロボロになっていた服を捨てました」

後日、約束通り警察署に行ったが、事情聴取されるばかりで力にはなってくれなかった。

親には言わないと言っていたが、家の電話には警察からの着信履歴があり、母親とやり取りをしているようだった。

「多分親は、その話を私にしたら怒るか泣くか傷つくと思って言ってこないんだと思う。でも、事件の後いきなり母親から性的なことを教えられました。『こういう時はこうしなさい』と急に言って来た。ああ、聞いたんだって思って複雑でした。この話ができるのは、今だからです。こんな風に話したのは初めて。一生誰にも言えない。それで先生に相談したら『俺が守ってやるから』って言われて。レイプは嫌だけど、それがなかったら先生と仲良くなれなかったので、微妙なんですよね」

――そんな経験をしているのに、今の仕事は怖くないの？

「そうするしか方法がないから、仕方ないかなって。親にお金を渡すにはここで稼ぐしかない。嫌な目に遭わないように対処はするんですけど、また同じようなことがあったらどうしようって考えると怖いです。怖いから考えたくない。考えられない。でも、誰もいないところで二人きりになるのは嫌だから、私はお散歩は行かないんです」

そんな想いを抱えながら、それでも彼女はここで働いている。

＊　＊　＊

取材を終えて彼女を駅まで送る途中、「ご飯はいつも食べているの？」と聞くと、サヤはこう答えた。

「食べてないです。１人で食べるご飯って美味《おい》しくないじゃないですか。だから普段からあまり食べません」

――今度ご飯食べにきなよ。

そう誘うと、サヤは子どものようにはしゃいだ。

「えっ、いいんですか？　嬉しい！　友達連れて行ってもいいですか？　リフレの子か、他の友達。なんか、ゆめのさんお姉ちゃんみたい。お姉ちゃん欲しかったんで嬉しいです。実は今も家出中で、家にしばらく帰ってないんですよ。荷物はいつものロッカーに置いてきたんで。とりあえず今日はこの後仕事行きます。あ、専門学校に入ったら、５月くらいには水族館に配属されて働くんで来てくださいね！」

そういって彼女は、駅の人波にのまれていった。

「取材」として依頼し、話を聞いているにもかかわらず、この先私はほぼすべての少女に「お姉ちゃんみたい」と言われ続けることになった。そう思ってもらえるのは嬉しいが、その度に彼女たちが「関係性の貧困」の中にいることを痛感させられた。

第3章

リエ・16歳——売春に行き着くまで

裏オプする少女

サヤと会った翌日、お散歩を通して売春しているリエと出会った。レナは先日、「うちのお店には裏オプをやっている子はいない」と断言していたが、リエはレナと同じ店で働いている。彼女と客のツイッターでのやり取りを見て、私はリエが「裏オプ」していることを知った。彼女が気になり、取材を申し込んだ。

待ち合わせは日曜日のお昼、秋葉原。緊張しながら待っていると、リボンとレースの付いた白いコートを着て現れた。気弱そうな黒髪の少女だった。

「JK通り」の角にある店で話を聞くことにした。席に着きコートを脱ぐと、秋ももうすぐ終わりだというのに彼女は肩出しの服を着ていた。

高校2年生で16歳のリエは2013年の5月からお散歩店で働いている。この仕事を始める前は、フードコートのラーメン屋でバイトしていた。彼女は千葉県成田市と茨城県龍ケ崎市に挟まれた街に住んでいて、週末になると家から片道2時間かけて秋葉原に通っている。

「家の前には田んぼしかない。お店もないから働けるところもないんです。高校にも片道1時間以上かけて通っているし、電車移動には慣れているから」

リエの通う高校は偏差値30台の「教育困難校」（学力や授業態度、生活環境などによりさまざ

高校２年生であるにもかかわらず、大人びた雰囲気のリエ。売春までしているとは思わなかった。

まな課題が発生し、生徒への教育が困難な学校のこと。しかし、私は彼らを「教育が困難な生徒」「教員を困らせる生徒」ではなく、「困難を抱えている生徒」「困っている生徒」なのだと思っている）と呼ばれる学校だ。私は学生時代に一度、その高校を訪問したことがあるのだが、そのときにも水商売をしている女子生徒に出会った。

求人情報サイト『もえなび！』

——お散歩を始めたきっかけは？

「柏でビラ配りのバイトをしようとしたら面接に落ちちゃって、どうしようと思っていたら『もえなび！』っていうサイトにたどり着いて、今のお店を見つけました」

『もえなび！』は、「女子高生　アルバイト」で検索すると、上位に出てくる求人情報サイト。全国の「萌え」関連ショップが、店や働く女の子の紹介、クーポンの発行やアルバイト情報、ブログなどの公開を行っている。

２０１０年の開設時には秋葉原を中心に２７０店舗が登録していたが、今では掲載店舗は全国で３６００を越え、店のスタッフとして登録されている女の子は５０００人以上、彼女たちの写真は２万２０００枚以上掲載されている。１日のアクセス数は約７万件もある。

サイトには、少女の写真とともに次のような言葉が並んでいる。

【日本最大の萌え店ポータルサイトもえなび！
メイドカフェやコスプレ店の店舗情報やアルバイト情報満載です！】
・友達と一緒ＯＫ！　完全日払い制！
・時給２万円　露出なし私服のみ　全額日払いの撮影モデル
・東京№１ガールズ観光案内　交通費支給制度あり
・特待生入店制度　最大５万円支給！
・オープニングキャスト大募集！　お客さんとＷｉｉやゲームで楽しむのがお仕事！
・都内で有名なあのグループが新たにお店をオープン！
【ジャンル】
・メイド喫茶＆ＢＡＲ／コスプレ喫茶＆ＢＡＲ
・リフレクソロジー＆整体／耳かき＆耳エステ（著者注・ＪＫリフレをはじめとするマッサージ店）

・派遣&案内（著者注・お散歩のように少女を派遣する）
・コミュニケーションルーム（著者注・お散歩摘発後に現れた新たな業態）
・撮影会／プロダクション
・ガールズバー／ガールズ居酒屋
・アダルトチャットレディー

【急募アルバイト情報】
・新規オープン 学園系メンズエステ
・日給３００００円以上可能　時給：１８００円～７００００円
リフレ業界でトップクラスの高待遇・高収入を目指します！
・初めての方でも安心して働けるお店です。
リフレ店をいくつも経営しており、丁寧且つ独自のルートでお仕事ができます！

【今だけクーポン！】
・コスプレ割引☆高田馬場
受付時に「コスプレサービス」と言っていただくとコスプレ１０００円が無料！

２０１４年４月時点でアルバイト求人掲載数は７１２店。これまでに『もえなび！』を通してアルバイトに応募した女性は1万８０００人を超えている。少女に有害業務をさせる店の登録がかなりあるが、リエは女子高生が働けるアルバイトを集めた健全な求人サイトだと思っている。どの店の求人情報にも同じようなことが書いてあり、大人が見れば「なんか怪しい……」と思うかもしれないが、少女たちはホームページがあるというだけで「ちゃんとしたお店なんだ」と信頼してしまう。

スカウトメール

――サイトを見て、自分から応募したの？

「それが、スカウトされたんですよ！」。彼女は嬉しそうに話し始めた。

サイトでは、プロフィールを登録し「スカウト待ち」をすることができる。登録ページにはこう書いてある。

【登録してスカウトを待つだけ！】

・プロフィールを登録したら後はお店からのスカウトを待つだけ！　超簡単でし

よ？

・匿名でバイト探しができちゃう！
プロフを【匿名設定】にすると匿名でバイト探しができちゃいます。
内緒でバイト探しできちゃうね!?
・ココだけの非公開求人アリ！
普段はバイト募集していないお店からの求人もアリ！
アノお店からスカウトされちゃうかも!?
・個人情報を知られる心配ナシ！
スカウトにＯＫするまでは個人情報を知られる心配ナシ！
またスカウトを断るのも一発ワンクリックで超簡単！
・登録もご利用もすべて無料!!
勿論、ご登録もご利用もぜ〜んぶ無料です。当たり前だよねー。

匿名でバイト探しができることを売りにしている時点で怪しいが、店から声をかけてもらえることや、匿名性、無料であることは少女たちにとって魅力的だ。サイトでスカウト待ちしているユーザーは5000人近くおり、「本日登録したスカウト待ちの女の子」という欄を見ると、毎日約5人が新たに登録したと書かれている。

「お店からスカウトメールが来て、スカウトされたんです。それで、ここ行ってみようかなと思って行きました」

リエは自慢げだ。店から来たスカウトメールを見せてもらうと、こう書いてあった。

【あなた宛てにスカウトメッセージが届いています】

■スカウトしたお店：みるきー

〝こんにちは。プロフィールを拝見しご連絡させていただきました。

当店では、観光案内のガイドを募集しています。スタッフは現役女子高生ばかり。

風俗店ではないので、違法行為もなく安心して稼げるお仕事です。

髪型、服装、出勤自由。よかったら一度面接にいらっしゃいませんか？〟

■スカウトの返事をする

①詳しくお話を聞きたい／②今回はお断りする

※スカウトの内容を確認して、スカウトの返事をOKか、NGか決めてURLを

クリックします。ＯＫの場合は、あなたの直接の連絡先をお店にお知らせします。

ＮＧの場合は、お断りされた旨をお店にお知らせします。


このメールを通して、リエは店とやり取りを始めた。

「自分から面接に行く子もいるけど、スカウトされたほうが優先して採用されるんです」

あまりにも嬉しそうに話すのでこの時には言い出せなかったのだが、実際にはスカウトメールは誰にでも送られてくる。店は手当たり次第に高校生を狙ってメールを送っている。

――それで面接に？

「はい。すごく緊張しました。最初は、なんでマンションの中にお店があるんだろう、変なことをされないかなと不安でした。事務所の中も普通の家みたいで全然会社っぽくなくて『本当に会社なの?』って思いました。店長も見た目が怖くて、ヤクザかと思ったんですけど、話してみたら優しかったし、ちゃんと仕事をしているって聞いたから信じました。

仕事の説明をされて、注意事項を言われて『身分証見せて』と言われて学生証を渡したらコピーされて、履歴書みたいなシートに名前を書いて『今日からよろしくね』みたいな。そんな感じであっという間でした」

「バイトが決まって良かったと思った」と言う彼女は面接に「受かった」と思っているが、スカウトメールと同じく、こちらもほとんどすべての少女が合格するのだ。少女をいくら抱えても、店が負うリスクは変わらない。少女が勝手に出勤し、勝手に客をとり、勝手に散歩してお金を収めてくれればよいのだから。

親公認

「実はうち、私がお散歩をやっていることを親も知ってて」

彼女は衝撃的なことを口にした。親が知っているとはどういうことなのだろうか。

「アルバイトを探しているときから、『秋葉原で観光案内のバイトがあるらしいよ』ってお母さんに言っていたんです。私、何も知らなくて。お散歩っていう仕事があることも知らなくて、観光客の人を案内する仕事だと本気で思っていたんです。サイトにも『ガールズ観光案内』と書いてあったし、お母さんにも『もえなび！』を見せて、面接に行きました」

——仕事内容を知って、どう思ったの？

「店長に『男の人を捕まえて食事したりする仕事だよ』って言われたときは、そういう仕事があるんだと驚きました。高校生がやっている仕事だし、怖いとは思いませんでした」

彼女はこれをれっきとした仕事だと思っている。店の教育により、仕事意識を持って働いている少女は多く、リエにも「働いている」という意識が強くある。

――親は心配していないの？

「親には『お客さんとご飯を食べる仕事だ』とは言いました。親も『そういう仕事があるんだね』っていう感じでした」

「稼げるときは稼げるから、働こう」

母親は彼女をすんなりお散歩へ送り出したという。その後、彼女は親に言われて一度この仕事をやめているが、その原因は仕事内容ではなかった。

「ビラ配り中、外国人に声をかけられて話している隙に制服のカーディガンのポケットに入れていたスマホを盗まれちゃったんです。親にそれを言ったら『治安が悪いんじゃない？秋葉原で働くのはやめなさい』と言われて7月に一旦《いったん》やめました」

やめたいと店長に伝えると、「この仕事はやめても出勤できるから、いつでも戻っておいで」と言われ、彼女は今でも週末になると友達と遊びに行くふりをしてお散歩をしている。

「最近テレビで『お散歩は危ない』って言われているのを親も見ているから、戻ったって知ったらすごく怒られると思う」

――どうしてそこまでして働くの？

「稼げるときは稼げるから、働こうかなみたいな」

――楽だし？

「いや、大変です。お客さんが入らないときもあるし、立ち仕事だから足も疲れるし、暑かったり寒かったり。最近は警察が厳しくなっちゃって、お客さんにも無視されることが多いけど、ときどき立ち止まってくれる人もいるから頑張れる」

この仕事を「楽」「大変」という少女の数は半々だ。常連客に人気のある少女は短時間で稼ぐことができるが、すべての少女にとって精神的にも肉体的にも疲れる仕事である。

――今まで何人と散歩したの？

「数えきれないです。50人とかかな。１００人はいっていないと思う」

――危ないこともあるんじゃない？

「結構あります。事件があったの知っていますか？　それがあってからは女の子もお客さんもだいぶ減りました」

彼女のいう事件とは、２０１３年10月に起きた恐喝事件のことだ。秋葉原のお散歩店が客

17歳で逮捕された少女。彼女は秋葉原に戻って再び客引きを始めている。

を恐喝し現金を脅し取ったとして、17歳の女子高生と20代の経営者ら４人が逮捕された。

「少女の手を触った。規約違反だ。１０００万円払え。家族に危害を加える」と言い、客の携帯と免許証を取り上げた。30万円受け取り、その後も現金を要求したことから男性が警察に相談し発覚。この事件を発端にお散歩がメディアで取り上げられるようになった。

胸を触られ５０００円

ビラ配り中、「この値段でどこまでできる?」「プライベートでエッチできる?」と聞かれ連絡先を渡されることや、出勤するたびに「リエ〜リエ〜」と寄ってきて、耳元まで顔を近づけられることもある。

「一時期は、金銭感覚が狂っておかしくなっていた時期があって色々やっていました。稼げたときには、１日１万円以上毎日もらっていたんです。それで金銭感覚がおかしくなった後、お客さんが全然入らない時期があって、そのときに稼げなくて焦って裏オプをやりました。最初は、『２０００円あげるから手つなげる？』と言われて手を繋いだところから。そのときお店のオプション表では手つなぎは10分１０００円だったので、その倍もらえるならいいかなって」

――手を繋いだときの相手の反応は？

「はじめての人は、33歳で背が高くて色黒で細くてメガネをかけた、もろ女慣れしてない『ＴＨＥオタク』っていう感じの人だったんで、相手の手汗がやばくてうわーって思って。その人はずっと『緊張する緊張する』って言い続けていて、気持ち悪かった。

他にも、色んなジャンルの人に出会いましたよ。夏には40歳でＡＶ男優をやっている人が来て、その人とも2、3回お散歩行ったんです。その人には『やろうよ』『好きなだけお金あげるよ』ってすごく言われたんだけど、迷ってやめました」

――体を触らせたりはしないの？

「最近はないですけど、胸くらいならいいかと思っていた時期もあって。カラオケとかマンガ喫茶に行って触らせる。事務所の隣にお散歩の子がお客さんとよく行くマンガ喫茶があるんです。お店に内緒で行って、お金を多く貰う。１回やってみたら意外とばれなかったので、それから裏オプをやるようになりました。

お客さんたちも8割は『個室いける子?』って聞いてくるんですよ。裏オプ前提でお散歩に来ている人が多いんだって気づいてから『胸くらいだったらいいですよ』っていうようになりました。カラオケに行って本当に歌うだけのお客さんがたまにいると『この人正常なんだな』って逆に驚くみたいな」

——でも人を選んで言うんでしょ? 気持ち悪い人でもOKなの?

「いや、一時期は本当に『まあいっか』と、誰でもやっていました。キモい人も。個室だとみんな抱きついて密着してくるから、臭い人は嫌だったけど」

——裏オプをさせたら、プラスでいくらもらうの?

「んー、上(胸)だけだったら平均5000円もらったかな。1時間ずっと触らせるんじゃなくて、私が疲れたら『そろそろ疲れたんで』って言って終わり。胸をなめてくる人もいます。値段は向こうの言い値が多いですね。私は『ちょっともらえるならいいかな』って思って、自分からは言わないです。たくさんもらうと逆に、お客さんに悪いなと思って」

彼女はこれまで1000~8000円の追加料金で胸を見せ、触らせたと言う。

——5000円って、安くない?

値段の問題ではないのだが、リエの売値はあまりにも安く、ついそんな言葉が口に出た。

「お金ちょうだいとかそういうこと、私は自分から言わないです」

彼女は自分に自信がなく、客から金を取ることを申し訳ないと思うのだという。

「裏オプのことは、誰かに話して店にばれたり噂になったりしたら嫌だから絶対言いません。そういうことをする子なんだっていう目で他の女の子に見られたら嫌なので」

――何かあってからでは遅いと思わない？

「でも最近稼げなくて。店長が言うには常連がいる女の子は稼げるらしいんですけど、私は常連がつかなくて新規のお客さんばっかりなんですよ。だから稼げるときと稼げないときの差が激しいです。最近はテレビでお散歩が取り上げられているから、お客さんも捕まりたくないのか来ない。だけど、せめて交通費２０００円分だけでも稼がないと」

――ニュースになっているようなことをしていて、大丈夫？

「ニュースを見たときは『わっ』とは思うんですけど、まだ大丈夫かなみたいな。他のお店が摘発された事件をテレビで見たら『やばっ』とは思うんですけど、うちの店は大丈夫かなって思っちゃって。一応怖かったから、店長とオーナーに聞いたら『うちの店は警察から営業許可を取っているから大丈夫だよ』って言われたので安心しました」

彼女は店や同僚の少女たちに「裏オプ」行為が発覚するのを恐れているが、客のことは恐れていない。他の少女たち同様、危ないことからは自分でなんとか回避できると思っているようだった。また、警察に補導されるようなことをしている自覚はなく、店にばれてクビになったり、少女たちに冷たい目で見られることだけを恐れている。

〈調査から〉

オプションの経験は、「見つめあうなど相手をどきどきさせるような行為」が17名、「腕ずもう、ハグなど客と触れ合う行為」が16名、「写真撮影」が12名、「胸や身体をさわらせる」が11名だった。「下着を見せる」は13名、「下着を売る」は4名、「キス」が6名、「客の性処理を見る」は13名で、うち7名が「性処理を手伝う」経験があると答えている。「セックス」したのは5名だった。

一番変だった客

——今までで一番良かったお散歩は？

そう聞くと、リエは迷いながら「3時間コースで夜景がきれいなところに連れて行ってもらって、おいしいものを食べたときかな」と話した。

「話が長い人だったから、うなずいているだけで時間は過ぎたんで良かったです。でも、みんなケチなんでお金を使わないし、お客さんと過ごして面白かったことはまったくないですね」

——一番変だった客は？

「一番やばかったのは、『縄で女の子を縛るのが好きなんだ。だからあなたにお願いがある。制服の上から縄で縛らせて。５０００円でどう？』って言ってきた40代の人」

どうしようか悩んでいたところ、後日その男が1時間予約を入れてきた。「わざわざ指名を入れてくれたから」とカラオケへ行くと、客が用意した制服を渡された。「着替えて」と言われ服を広げると、それは私の親世代に流行した長いスカートの制服だった。男はリエの髪を１つに結ばせ、前髪を白いヘアバンドで上げさせ、彼女を縄で縛った。

「本格的な、茶色い縄。プロかと思うくらい上手な結び方で全身縛られて動けなくなりました。強く縛るので太腿も腕も胸も、すごく痛くてえぐかったです」

客は興奮しながら、カメラで彼女を撮影した。「痛いんで早くしてください」と言うと、「あとちょっとだから」と息を荒くして撮影していたという。

——そんな状態じゃ、何かされても抵抗できなくない？

「そう思ったんですけど、その人は『絶対そういうことをしない』と言っていたから信じようかなって。なんか私、すぐ信じちゃうんですよ。友達にも心配されるんですけど」

彼女は撮影モデルの仕事もしたことがある。美少女を撮るのが趣味だという客に「美少女」と言われて嬉しかった。神田明神にある長い階段でポーズをとって、客がiPhoneで撮影した。値段は10枚2000円。「私はモデルさんでもないし、それでいいよ」と気軽にOKしたという。昨日出会ったサヤは撮影会として仕事を受けているが、リエはお散歩のオプションとして撮影の仕事を受けている。

スタッフとの恋愛

「でも、やばいことがあったんです」と、リエは店の関係者について話し始めた。先日レナからも聞いた店長とオーナーの他に「女の子を守る役の23歳の男がいた」という。

——守るって、何をするの？

「変な人にしつこく絡まれたときにその人が来て、お客さんを注意する。その人は顔が広いから、いろんなお店の女の子を守る役としてあの通りをうろちょろしていました」

要するに、見張りのことだ。その界隈で顔が利くということは、裏社会とつながりがあるのだろう。ケンジというその男と彼女は一時、深い仲になったという。

「私がお散歩を始めてすぐの頃、ケンジさんが客引き中に話しかけてきたんです」

出勤のたび、「おはよう」「頑張ってね」「今日はゴキブリ（客になる気がないのに女の子に声をかけ続ける客の通称）がいるから気を付けてね」と声をかけてくれたケンジにリエは心を許すようになった。彼は仕事で役割として声かけをしているのだが、リエは自分を気にかけてくれていたのだと思っている。

ある日、ケンジに誘われて仕事後に食事に行くと、「付き合って欲しい」と迫られた。入店時にスタッフとの恋愛禁止を告げられていたリエは断ったが、ケンジはしつこく、ついには秋葉原から彼女の地元までついて来てしまった。終電をなくしたことを理由に「ホテル行かない？　制服の君とエッチしたいんだ」と持ちかけ、手を握られて、抱きしめられて、「この人とだったらいいかな」とリエは誘いにのった。

「私たちがホテルに行った後、ケンジさんがお店の人にボコボコにされたんです」

2人が関係を持った2日後、女子高生を扱う店の店長らが集まる「店長会議」が行われていた。会議のあとケンジが店に呼び出され、強面の男にボコボコにされたのだという。原因はわからないが、その様子を店で働く別の少女が目撃した。血まみれになったケンジは秋葉原に顔を出すことはなくなったが、半年後「付き合おう。埼玉で新しい店の立ち上げに関わるからそこで働いてほしい」とリエに連絡をしてきたという。

仕事は仕事、プライベートはプライベート

このとき彼女には、付き合って1年の彼がいた。18歳で建設現場で働いている彼とはSNSで知り合った。失恋したばかりのリエをネット越しに励ましてくれた彼に告白され、付き合うことになったという。

――彼氏がいるのに、こういう仕事をやるの？

「うーん。そのことで一時期悩んだんですよ。同僚に『仕事は仕事、プライベートと分けないとこの仕事はできないよ』と言われて、そこで『私はプライベートと仕事のメリハリがつかなくて悩んでいたんだ』と気付いて、そこからしっかり分けるようにしました」

――彼氏はお散歩のこと、知ってるの？

「秋葉原でチラシ配りのバイトをしているとは言っているけど、詳しくは言っていません」

彼氏の束縛は「ストーカー並に激しく、男と一切関わるなと言われている」が、リエは「お散歩で男性に関わるのは仕事だから、浮気とかそういうのとは別だと思っている」。それなのに、学校で男友達と連絡先を交換したことについては、「プライベートだし、それも浮気になっちゃうのかな……」と心配している。

――お散歩について、後ろめたさはないの？

「仕事中はないんですよ。でもプライベートに戻ると、家に帰る電車の中で『ああ今日もか。何やっているんだろう』って思います」

――高校の友達にはお散歩のこと、言っているの？

「最初は隠していたんですけど、プライベートのツイッターのアカウントで『秋葉原にバイト行ってくる』って書いたら、『何やっているの』と聞かれて一人に教えたらみんなに知れ渡っちゃいました。それから学校の先輩や友達に『実は私もやっているんだ』って声かけられたりもしました」

「出勤」「プライベート」という言葉は、裏社会で働く少女たちがよく使う。彼女たちは自分の都合のいいように使い分けているように見えるかもしれないが、実際にはこれも裏社会の大人の植えつけによるものだ。店で働くことになった時、「いつ出勤できる?」と聞かれ「出勤」という言葉が大人っぽくて嬉しかったり、責任感を感じたりする。また、「プライベートでの接触や連絡先の交換は禁止」「プライベートとメリハリをつけるように」と言われるうちに、仕事だと割り切るようになる。

「1万5000円あげるからホテル行こう」

リエは、お散歩を通して売春もしていた。お散歩バイトを始めて1ヶ月後、3時間コースを予約してくれた客と秋葉原からタクシーで湯島のホテル街に行って性行為に及んだ。

「30代前半のサラリーマンが前に来たときに、1万5000円あげるから次はホテル行こうって言われて、約束したんです。黒縁メガネで痩せ型の人でした」

行為が終わってホテルを出たところで、男は部屋に忘れ物をしたと言い彼女をタクシーに乗せて別れた。お金は後で渡すと言われ、「連絡先も知っているから大丈夫」と思ったリエは1人秋葉原に戻って客引きをしながら男を待った。

2時間後に男から、「忘れ物をホテルの従業員に盗まれてトラブルになり、今警察署にいるからお金は今度会ったときに」と連絡があった。後日秋葉原で再会したときには、「今ホテルと裁判中で、弁護士にお金を管理されているから今は渡せない。半年後には渡す」と言われ、リエは客を信じて心配していたが、その後連絡が取れなくなった。

「騙されたのかなって気づいてから警察行こうかなとも思ったんですけど、騒ぎになったりいろいろ親にばれたりするのは嫌で辞めました。誰にも相談できないことだし」

他にも、お散歩で２回指名をしてくれた40代の客とホテルに行った。

「２万円あげるからホテル行こうと言われて一旦は『ちょっと考えるね』と返事したんですけど、全然稼げていない時期だったので『２万円ももらえるならいっかな』と思って行っちゃいました。その人も変な趣味で制服のコスプレを買ってきて着させられました」

２回散歩に行っただけで、リエはその客を「私を指名してくれる良い人」と思っている。

７０００円台で売春

――性行為までしたことは他にもあるの？

「数えきれないけど、印象に残っているのはその人たちです。全部で15〜20人くらいか」

コンドームは使用していると言うが、リエは性感染症についてはまったく知らず、もしものときに対処するための知識も持っていない。それらについて話すと、「性病ってどうやったら感染するんですか?」と聞いてきたり、性交渉後でも高い確率で妊娠を防ぐことのできるアフターピルについて聞いてみると、「それって普通に買えるんですか? それ飲めば後からでも大丈夫なんですか?」と言ってきたりした。

自分がしていることのリスクをまったくわかっていない彼女に、「リエちゃんがしていること、援交じゃん。売春だよ?」と言うと、彼女は固まった。

「そっか……。よくよく考えればそうなんですよね」

——売春しているっていう意識はあるの?

「なかったです。いや、でも、そっか。売春ってそういうことなんですか?」

——そうだよ。リエちゃんがしていることは、警察に捕まるようなこと。お散歩から犯罪につながることが多いから、警察は取り締まりを強化しているんだよ。

リエは青ざめて、こう言った。

「今言われるまで、自分がしていることが売春だなんて考えたことはなかったです。どうしよう。警察にばれることってあるんですか?」

私は彼女に2014年4月から全国で実施された「サイバー補導」(少年少女が犯罪に遭遇しないようネットを通じて行われる補導方法)により、掲示板への書き込みから援助交際していたことが見つかり、突然家に来た警官に事情聴取された少女の話をした。

リエは、「あくまでも自分はお散歩でホテルに行っているだけで、法に触れるようなことはしていないと本気で思っていた」という。これには私も驚いたが、客が少女と直接的にやりとりをして言い聞かせたり、店が教育したりすることによって、自覚なしに少女が身売りする事態にまでなっている。

「初めは怖かったけど、２人になるのはお散歩で慣れちゃいました。最初は太った坊主の客にハァハァ言いながらマンガ喫茶の中で無理やり胸を触られたことから始まって、『これでお金をもらえるんだ』って知りました。そのときはどのくらい追加料金をもらえばいいかわからなかったので、１０００円もらいました」

――１０００円!?

「そのときは、まさかそれで数千円とれるなんて思わなかったので」

――最後までしたときは、いくらもらったの？

「最低でも、７６００円はもらいました」

７０００円台で売春する子がいるなんて、驚愕だ。

「最後まででも５０００円もらえたらいいって思っていたし、お客さんになんか悪いなと思っちゃうんですよ。それに、1万円とか2万円とか言うと、『じゃあいいや』と断られちゃうかなと思って。私の値段はそのくらいかな。ある程度もらえればいいから、1万円もらえたらいいほう。客とやるのは気持ちよくないけど、そこまで下手じゃなければ濡れちゃうし、痛かったら嫌だと言うので、仕事だから頑張ろうと思っていました」

〈調査から〉

「売春の経験」が「ある」と答えたのは31名中8名。うち5名がJK産業で出会った客への売春を経験していた。「客に性行為を求められることはありますか」という質問には、29名が「よくある・まあある」と答えている。買春を目的とする男性が少女たちの周りに集まり、この仕事が売春の温床になっているのは明らかだ。

中高時代にリフレやお散歩、援助交際を経験した少女の中には、高校卒業後、風俗店で働いている子もいる。彼女たちに話を聞くと、口をそろえて「高校生のときにはわからなかったけど、風俗で働くようになってみてわかったことがある」という。

「個人で買春しているような男は、風俗で出禁になるような人ばっかり。風俗の客の方がちゃんとしている人が多いんですよ。風俗では満足できなかったり、風俗に行くお金のない人が個人で女子高生を買う。だからたちの悪いのが多いんですよ」

「リフレとかお散歩だと、風俗は毛嫌いするような男もいるよね。風俗嬢にも面倒くさがられるようなタイプの奴が、秋葉原では高校生に受け入れてもらえる。そういう奴が調子にのって女の子に手を出して、一度『やれる』って思ってしまうとやばい」

風俗で働く元援交少女の女子大生たちは、「高校生にそう教えてあげたいよね」と話す。

仕事と家族関係

――どうしてこんな仕事をしているの？

「なんでなんでしょうね。親からはお小遣いを毎月5000円もらえるから、それでやっていけるんですけど。なんでだろう。ただ単に貯めたいっていうのもあるし、この仕事を始めてから欲しいものがバンバン出てくるようになっちゃってお金が足りない」

――売春してまで欲しいの？　将来後悔するかもって思わない？

「今は将来のことを考えたりしないから……。全然考えられない。やりたいこともないし、大学に行きたいとも思わないし、だからといって就職するのもなあと思っちゃって」

〈調査から〉
「将来の夢はありますか」に、「ある」と答えたのは31名中9名だった。希望する進路は「大学」6名、「専門学校」4名、「就職」2名、「結婚」1名、「未定」18名だった。

「友達には『援デリ』（援助交際デリバリーの略で、18歳未満の少女を扱う違法派遣型の売春専門組織）をやっている子も結構いるから、『やれば?』ってよく誘われるんですよ。でもそこまでは怖いからやらない。お散歩ならバイトとしてできるし危なくないかなって」

——やっていること、変わらないじゃん。危ないよ。ずっと秋葉原で働きたいの？

「うちのお店は現役高校生限定なので、卒業したら秋葉原には行かないと思う。個人でなら、たまにだったらいいかなと思っちゃうかもしれないです」

――1年前、自分がこんなふうになると思っていた？

「まったくです。こういうバイトがあることも知らなかったし、ラーメン屋とか普通のバイトをしていると思っていました。知らない人とホテルなんて全然想像してなかった」

――感覚はすぐに狂った？

「入って1ヶ月くらい。最初は真面目にやっていたんだけど、だんだん裏オプに慣れてきて『これでお金を稼げるんだ』と思ったら、もっともっと稼ぎたいと思ってきちゃって」

――慣れない方がよかったと思わない？

「そこまでは思わないです」

――この仕事、友達にも勧めたい？

「自分からはあまり勧めないですけど、私が稼いでいるのを知った学校の友達に『お散歩紹介して』って言われたときは『やめたほうがいいよ』って止めました。やらないほうがいいと思う。その子は普通の子なんですけど、そんな普通の子にさせたくなくって」

――どうして？

「危ないし、はまると私みたいに変な方向にいっちゃうし、私の周りには結構純粋な子が多いので絶対危ない」

――リエちゃんだってちゃんと学校に行っているし、純粋じゃん。

「自分はもういいかなって」

〈**調査から**〉
「友達や後輩、姉妹にもこの仕事を勧めたいと思いますか」という質問に対する回答は次の通りだった。「そう思う」2名、「まあそう思う」9名、「あまりそう思わない」11名、「そう思わない」9名。客への売春や客からの性被害経験がある少女は全員「そう思わない」と答えた。

――親とは仲がいいって言っていたよね？　お母さんが知ったら悲しむよ。

彼女は家族関係について話し始めた。

「お母さんが病気を持っていて、テンションの上がり下がりがすごく激しいんです。母自身が中学生のときから鬱病なんですよ。小中学生の頃は、お母さんの手伝いをして支えていたんですけど、鬱状態がずーっとなので、こっちもキツい。家でパニック状態になることもよくあるから、なるべく刺激しないように生活しないといけない。

ここ数日はだいぶ落ち着いているのでいいんですけど。落ち着いているというか、ただ寝ている。寝ているときはいいけど、感情が高まって騒いでいるときは突き刺さるようなことを平気で言ってくるんですよ。『あんたなんかいないほうがいい』とか心にグサッとくるようなことを言われるんです。最初それを言われたときは、悲しくて泣いていたんですけど、最近は、お母さんがそういうことを言っちゃうのは鬱病のせいだからと思って、悪くなくても私から『ごめんね』と言うようにしています。他にも『家から出て行ってほしい』『あなたは私の子どもじゃない』と言われたりして」

少女たちの本音

そろそろ取材を終えようかというときに、少女たちはほんとうの話をしてくれる。リエは中学のとき、母親からの言葉に苦しみ荒れていたという。

「小学生のときとは違って、全部お母さんの言いなりになるみたいなことはなくなって、そうしたらぶつかるようになったんです」

荒れていたといっても、家族に暴言を浴びせたり家出したり法を犯すことはなく、金髪にしたり化粧をして学校に行った程度だが、それが原因で母親の状態が悪化したのではないかと気にしている。

「お父さんは元ヤンで、工場で働く彼女の父親は、毎日お酒を飲んで仕事から帰ってくる。お酒を飲むと豹変して机を叩いたり、物を蹴ったりするので怖い。だから特に話はしません。2歳年下の妹は、私と真逆でスポーツもできて部活もちゃんとやっている。妹とは仲良しだから、なんでも話すんです。ホテルのことも、今日ゆめのさんと会うことも知っているんですよ」

彼女たち姉妹にとって、家は安らげる場所ではない。両親が荒れているときは、2階の部屋に姉妹で籠ってとばっちりを受けないことを願いながら嵐が過ぎるのを静かに待っているという。家にいると「自分は誰にも必要とされていないような感じがしてくる」という彼女にとって、お散歩は「やりがい」や「求められている実感」を得られる唯一の方法になってしまっている。

——よかったら、また話そう。おじさんよりは力になれると思うから。

別れ際にそう声をかけると、リエは「私のほうこそ会ってください！　こんな風に話せる人に出会えてうれしいです。頼りにしています」と言って、事務所の中に入っていった。私は彼女をはじめ、取材を通して出会った少女たちと長い付き合いをすることになっていった。
リエは「家族のことは、あんまり人に話せないですからね」と言っていたが、毎日学校に通い、明るく振る舞っている姿からはきっと、彼女の状況は想像できないだろう。

〈調査から〉

ＪＫリフレやお散歩で働く少女の多くは、家庭から排除されている。家庭が貧しく経済的に困窮していても、誰にも頼れず苦しんでいても、虐待やネグレクトを受けていても、彼女たちはきれいな服を着ておめかしをするため、「貧困」や「孤立」状態にあることには気づかれない。
「親（保護者）は経済的な心配なく生活できるようにしてくれる」に、「あまりそうではない・そうではない」と答えたのは31名中10名、「家族との関係」について、「あまりよくない・悪い」と答えたのは17名だった。

第4章

カオリ・18歳――社会に慣れるためのリハビリ

親に黙って働く

「すみません、お待たせしちゃって。これ、お詫びです」

約束に40分遅れてやってきたカオリは、制服姿でマスクをしていた。遅れたのは電車で体調が悪くなったからだというのに、お詫びといって菓子パンを買ってきてくれた。子どもの頃から体が弱く、先週も風邪を引いていたが、「シフトを出しちゃっていたから、休めなくて」お散歩に出勤したという真面目な少女だった。

「熱があったから、通りで客引きするのがすごく辛くて。お客さんが入ってくれてありがたかったです。これまで30分コースばっかりだったけど、初めて1時間で。お客さんは清潔感がある社会人で、こんな人も利用するんだって思いました」

スカイツリーの近くに住む下町っこのカオリは、家族と仲が良い。両親と10歳離れた姉、8歳年上の兄と暮らしながら、家から1時間半かけて農業高校に通っている。

——お散歩のこと、家族は知ってるの?

「始めるときにお母さんに許可証にサインをお願いしたら、ダメって言われたんです」

面接後、店長から受け取った許可証にサインを求めると母親は店のホームページを確認した。仕事内容を知り、「危ないからやめて」とサインしなかったが、カオリは店から何か言われることはなく、親に黙って働いている。

「今高3なんですけど、お店にはパチこいて高2って言っています。私、高校を卒業したら顎関節症の手術をするんです。だから卒業後1年間は就職できないので、その間ここにお世話になるかもしれないと思って。現役高校生しか働けないから、嘘をついています」

――お散歩は、いつから始めたの？

「お店はまだ3日目で、これまで相手にしたお客さんは全部で4人です。でも、別でお散歩みたいなことをやっているんですよ。そっちはお店みたいにしっかりしていなくて、1人の大人を挟んで紹介してもらっているだけなんですけど」

みるきーで働く前から、カオリは個人でお散歩をしていた。

「そっちでは、汚いこともしていました。お客さんのボディタッチも激しいし、ほぼエッチ目当てだから。それよりましかなと思って、みるきーに入りました。友達が働いていて誘われたんです。一緒に働く子たちも同年代だし」

風俗系スカウトの狙い

この年の春、友人とV系バンドのライブに行ったとき、彼女は会場の外で3人組の男に声をかけられた。場所は新宿歌舞伎町のど真ん中、30代のスーツ姿の男たちだった。「今バイトしてるの？」と聞かれ、していないと答えると「ライブに来るお金とかどうしてるの？」と言われた。「お小遣いをくずして頑張っていますよー」と他愛もない話をしていたつもりだったが、次第に仕事への勧誘になったという。「風俗系興味ない？」と言われて断ると、「だったらお散歩しない？　今って、おじさんとご飯を食べに行く仕事あるじゃん？　その紹介をしているんだけど、やらない？　うちはお触りありだけど、1回で5000円以上もらえるよ」と持ちかけられた。

「その日は、男4人と女2人でカラオケに行きました。ちょっかい出してくる人もいたけど、少し触られただけで2時間で1万ちょっと稼げて、それからその人の紹介で個人でやるようになりました。今思えば、深く考えてなかったな。何しているんだろう、私」

それから、その男の紹介で、彼女は別の男性と個人でデートするようになった。いつも場所は新宿で、「何曜日の何時でいける？」と、仲介人からメールが入るとその時間に合わせて待ち合わせ場所に行く。用意された男性客と会い、カラオケかマンガ喫茶へ。

「同じ人が何回も来るから、最終的には仲介を通さずに個人で連絡を取るようになりました。これまでに10人以上は相手にしました。平日は学校で忙しいから、土日に会います」

間に人を通さなければバックを取られないため店で客を取るより稼げるが、個人ではタイムキーパーがいないため１日中帰らせてもらえないこともあったという。

「度合いによるけど、軽いお触りだったら５０００円は貰えるかな。たまに、『ボーナスが入ったから足してあげる』っていう人もいました。30代でぽっちゃりしていてダサい恰好のおじさん。Ｔシャツを着て腰にはシャツを巻いていて、半ズボンに長めの靴下を履いて、いつもハンチング帽子を被ってくる。その人とは遊園地にも行きました。ご飯代も払ってくれるし、『喉渇いたでしょ？　スタバ行こう』と言ってくれたり、『甘いものが好きだけど１人で行くのは恥ずかしいから』と色んなカフェに連れて行ってくれました」

――お金が欲しかったから誘いを受けたの？

「うちの学校、盗難が多いんです。高３の春、ロッカーに入れていたウォークマンと保険証と、定期代としてお財布に入れていた３万円を盗まれて、学校に被害届けを出したけど意味なくて、親に申し訳なくて言えなくて、その時にちょうど声をかけられて始めました」

また、当時バンドマンの彼氏と付き合っていたカオリは彼の生活費もサポートしていた。そのためのお金も必要で、何度も仕事を受けるようになったという。

「ビジュアル系バンドのファンって、風俗やお水をしている人が多いですよね。バンドマンに貢いだり、生活を支えるために稼がなきゃいけないから。風俗系のスカウトマンも、そこを狙って声をかけてくるんですよ。私もまんまと餌食になりましたけどね」

カオリも彼氏の食費やデート代をすべて負担していた。

「相手は2個上だったけど、バンド一筋だから仕事もしていないし女の子からの貢ぎ物で生活しているんです。それが当たり前の世界。私もその1人でした。彼氏とはもう別れたけど、今は手術のお金が必要だし、就職する予定だったところが取り消しになって焦っていたのもあって、ちゃんと仕事としてお散歩をやろうと思ってお店に入りました。個人だとセックスを強要してくるお客さんも多いから、お店に入ったほうが安全だろうと思って」

精神状態に不安

彼女には、他にもこの仕事を始めた理由がある。

「中2のときにいじめにあって、そこから心が安定しなくて病院に通っているんです。いつ心のバランスを崩しちゃうか分からないから、定期的なバイトはきついんじゃないかなと思って。最近は精神状態が落ち着いてきたから本格的にバイトを始めようかなと思っているんですけど、みるきーだったら週に何回も入らなくていいし、どうしても体や心がきついときは1時間だけ出勤して『すみません』と一言いって帰ればいいかなと。他のバイトじゃそうはいかないから、とりあえずここで、『働くことに自分を慣れさせたい』って思って」

精神状態に不安がある彼女には、シフト制のバイトをこなせる自信がない。スケジュール通り動かなければと考えると、責任感やプレッシャーから余計に不安定になってしまう。

「ほんとうは、親に胸張って言える仕事ができればいいんですけどね」

彼女はお散歩を、社会に自分を慣らすためのリハビリとして捉えている。この仕事が、彼女にとって福祉の機能を提供している。手術、内定取り消し、いじめ、精神状態……焦らず、一つずつ話を聞くことにした。

みるきーを選んだ理由

――どうして、たくさんあるお店の中からみるきーを選んだの？

「私、お散歩っていう仕事があるなんて全然知らなくて、個人でやっていたときもそれがお散歩だとは思っていなかったんです。この前、たまたま今のお店で働いている子に『バイト何してるの』と聞いたら、『お散歩だよ』と言われて、これまで個人でしていたことをちゃんと仕事としてできるんだと知りました。その友達に誘ってもらって入りました。

その子は人気だから、予約がバンバン入っているんです。私は最初、体を使わないでみんなどうやって稼いでいるんだろうって不思議でした。個人では体を求められてばっかりだったのに、店では接触禁止だから、それでお客さんが来るのか疑問だった。

でも、初めて相手したお客さんが70代のおじいちゃんで、カフェに行ってお話ししようかと言ってくれたんです。最初は『え、この人も体目当て？』と疑っていたんです。絶対ボディータッチしてくるはずだ、連絡先を交換しないといけないんだろうなと思っていたけど、その人は普通にケンタッキーに行って一緒にアイス食べただけで拍子抜けしました。おじいちゃんが全然話さないからどうしようかと思っていっぱいしゃべったら、すごくニコニコして『楽しかった』って言ってくれて嬉しかった。その人は常連で、目当ての子が他のお客さんと散歩中だったから私を指名してくれたんです。

そういう人もいるんだなと思った反面、次のお客さんはお金もくれないのに胸をしつこく触ってきました。30歳くらいの人で、女子高生の彼女がいるけど彼女じゃ満足できないとか言っていました。『カオリちゃんスタイルいいから、見ていたらやりたくなっちゃった』とか、『エッチしたい、メアド交換して』と言われて断ったら、『ただのぼったくりじゃん』と唾を吐かれて怖かったです。でも、これはましなほうです」

車に連れ込まれて暴行

――危ない目には？

「絶対やばい。遭うと思います。手を出してくる人ばっかり。陰部を出してくる人もいる。『そういうことはやっていないんで』って言い続けたけど、カチカチのものを突き付けてきました。あとは、歩いているとき急にキスされた。その人は若かったし、きもオタではなかったけど引きました。胸くらいなら仕方ないけど、最後までする事はないですね。ケチくさい人ばかりだから交渉が面倒だし、エッチしてまでお金を貰わなくていいかなって」

――でも、もし押し倒されたら抵抗できなくない？

「私、この仕事始める前に、無理やり車の中に連れて行かれて暴行されたことがあるんですよ。友達と待ち合わせしていてたまたま上野にいたときに。それからは、人気《ひとけ》のないところには行かないようにしています」

――それはいつ？

「高校入ってすぐの頃です。17時半に友達と待ち合わせをしていたら、突然車が目の前に止まって『既にお金を払っているんだから、ばっくれるんじゃねーよ。それは卑怯だろ』といきなり怒鳴られて、車の中に無理やり連れて行かれて強姦されました。相手は２人で１人が運転役、もう1人の50代のおじさんにやられました。白髪も多かったし、何よりすごくデブで超気持ち悪かったです。車から飛び降りようとしたら、髪の毛ひっぱられたり殴られたり、服を破られたりして『ああもうこれは抵抗できないな』と思いました。しかも、途中でお酒を飲まされたんです。私、全然お酒ダメなんで『飲めないんです』って拒み続けたけど強要されて、最終的には『飲めや』と怒鳴られて、逆らえないから頑張るしかないと思って、ほんとうにちょっとずつ飲みました。350ccのチューハイ1本。いつもそんなに飲んだらすぐに倒れるのに、その日は飲んでも意識がはっきりしていました。ゴムも付けずに中出しされたから、妊娠するんじゃないかと思ってすごく怖かった」

彼女はこのとき、命を守るか、自尊心を守るかの選択に迫られていた。行為が終わった後、彼女は知らない場所で車から降ろされた。

「何時だったかは覚えていないけど、もう真っ暗でした。真っ暗な、何もない路地で降ろされて、どこだかわからなくてずっと立ちつくしていたんです。親子連れとすれ違ったりしたけど、私は服もぼろぼろだったから、怪しかったと思います。ここにいてもだめだと思って、道行くおばさんに『ここどこですか』と聞いたら、『あっちに駅があるよ』って、途中まで連れて行ってくれました。真っ暗の中『死にたいな』と思いながら帰りました。

それを誰にも言えなくて、唯一その時に付き合っていた、さっき話したバンドマンにだけ言いました。警察について行くって言われたけど、レイプについて詳しく聞かれたり、思い出すのは嫌だったし、警察に行ったら親にもばれるからもういいかなって」

誰にも打ち明けられない悩み

私も高校1年生のとき、地元の路地で背後から男に襲われ車に連れ込まれそうになったことがある。後ろから目隠しをされ、口をふさがれ引きずられそうになった。声を出すことができ、男が逃げ去りなんとか回避できたが、それから外に出るのが怖くなった。人とすれ違うたびに緊張して息を止めたり、足音がするたびに恐怖を感じたりする日々が1年以上続いた。ストーカーや痴漢、露出狂の被害に遭うこともよくあったが、家族や学校を巻き込む騒ぎになるのを恐れて、一度も被害届は出せなかった。

似たような経験をしている少女は少なくないが、多くは誰にも打ち明けられずにいる。小学生のとき登下校時に毎日待ち伏せされ、公衆トイレに連れ込まれ男性の陰部を舐めさせられていたという子や、公園の隅に連れて行かれ健康診断と称して胸を触られたという少女もいる。彼女たちは、親や教師、友人の誰にも相談できず、1人で恐怖を抱えていた。

子どもの頃性被害に遭った女子大生は、「怖かったけど、逃げたって大人の男の人にはかなわないし、車で追いかけられるから抵抗するのは無理だった。そのときはそれがどんな行為なのかよくわからずただ怖かったけど、小学校高学年になって性的なことをされていると気付いてから余計に誰にも言えなくなった。毎日その人がいるんじゃないかと怖くて『小学校に行きたくない』と親に言っても許してもらえなくて。このことは親には一生言えない」と言っていた。

性被害に遭ったとき、誰にも頼れず苦しむ女性は多くいる。高校時代の私の友人も、男に強姦されたことから精神状態が不安定になった。彼女の両親は心配したが、娘が傷ついている理由がわからずすれ違い、家族はバラバラになってしまった。誰にも言えない経験から、少女が家族や学校、社会から孤立していってしまうことは少なくない。

警察庁の資料によると、平成25年の強姦認知件数は１４１０件（警察庁「平成25年の犯罪情勢」）。被害者のすべてが女性である。「女性を主たる被害者とする犯罪」項目にある強制わいせつについては、全体の97・３％にあたる７４６３件が女性被害者（うち20歳未満３７８９件）であり、公然わいせつでは１２３２件（うち20歳未満５５９件）、女性の略取・誘拐の認知件数も１３８件（うち20歳未満１１８件）である。

これらの犯罪において、どれも半数近くが10代の少女を被害者としている。また、国連によると性犯罪の認知件数は世界的にみて、実際の１％に満たないと言われている。特に日本では、問題への理解や関心が低く、被害者が声を出しにくい現状がある。

〈調査から〉

今回取材を通して出会った少女たちの中にも、31名中４名にレイプの被害経験があった。うち、１名が客からの強姦被害に遭っている。

狙われたら終わり

事件の翌日、カオリは誰にも気づかれないよう、何事もなかったかのように登校した。

「泣けなかったんです。とにかく、泣けなかった。不安で泣きたかったけど涙が出なかった。おっさんとヤってしまったんだってことが本当にショックで、親には悟られたくなかったから家でも普通に会話して、学校にも普通に行きました」

妊娠を恐れた彼女はネットでアフターピルの存在を知る。放課後病院に電話し、処方に2万円かかると言われた。一度家に戻り、貯めていたお年玉をかき集めて病院へ向かった。

「すごく緊張したし、人目が気になりました。待合室に妊婦さんがいる中、制服の女子高生が緊急で来るなんて、だらしないと思われていそうで」

処方されたピルを家族に隠れて就寝前に1錠、翌朝2錠目を服用した。副作用がひどく吐き気が続いたが、彼女はいつも通り登校し、何事もなかったかのように振る舞った。数日後、無事出血があり安心したという。それ以来、不測の事態に備えて低用量ピルを飲むようになった。

事件当日遊ぶ約束をしていた友人への言い訳も大変で、「バックレたと思われて、その後ギクシャクした」という。

「急に具合が悪くなったということにしたけど、謝りの連絡を入れたのは夜だったし、レイプされていたなんて言えないし。それからしばらくは、その友達と関係修復する気力もなくて、抜け殻みたいな感じでした。学校に行ってすぐ帰ってきて、ひたすら寝るっていう生活。レイプされた後も彼氏がしばらく別れずにいてくれたから、それだけはよかった」

加害者については、こう話す。

「常習犯だと思うんですよ。でも、これまできっと誰も私みたいに被害を届けなかったんだと思う。だから捕まらない。もしかしたらそのせいで、今も被害者が増え続けていると思うと申し訳ない。大人の男の人にこういうことがあるって聞かせたい。だけど、こんな話、男の人には言えないですよね。男と女では力では勝てない。狙われたら終わり。だけどきっと男性は、女性の周りにはこういうことが当たり前にあるって知りませんよね」

女性と性被害

彼女のいう通り、女性たちは日々危険を恐れ、回避しようとしながら生きている。「性被害に遭わないために日頃から気を付けていることはありますか」という質問を男女にすると、男性はほとんどが「ＮＯ」、女性はほぼ全員が「ＹＥＳ」と答える。女性は幼少期から、成人になっても毎日性被害に遭わないように考えながら生活をしている。

「今日は帰りが遅いから人通りの多い道を通ろう」と考えたり、夜道を歩かないようにしたり、電車で男性と目を合わせないようにしたり車両を変えたり、何か嫌な予感がしたら人の多いところに移動したり、自宅のドアを開けるときに周りを見回したり……。どんなに気をつけていても、「危ない」「怖い」場面に出くわすことはある。女性たちは、そのことを知りながら生活をしている。

性犯罪被害者の多くは女性だ。男性が実感として問題意識を持つのは難しいだろうが、加害者の多くは男性だという事実と向き合って欲しい。「女性の周りに危ない男がたくさんいる（そして多くの女性はそれを日々感じながら生活している）のと同じように、男性の周りにもたくさんそういう人がいるのだ」と叫びたい。男性は気づいていないだけなのだ。

日本ではレイプや痴漢の被害に遭った女性が警官や周囲から、「そのとき何を着ていたのか」「なぜそんなところを歩いていたんだ」と、責め立てるような言葉をかけられたという話を聞くことは稀ではない。被害者側の服装や行動が挑発的だったのではないかと言われることがあるが、実際には多くの被害者は特別に挑発的な服装や行動をしていない。むしろ、おとなしそうに見えた、警察に通報しなさそうに見えたなどの理由で狙われることのほうが多いのだ。

こうした偏見や間違った認識により、被害者がさらなる心理的、社会的ダメージを受ける「セカンドレイプ」と呼ばれる性的二次被害を受け傷つく女性は後を絶たない。警官からの事情聴取で長時間拘束され、詳細に事実や過去の性経験を聞かれ、下着を見られ、再現をさせられ苦しんだり、病院での診察で好奇の目で見られることや、周囲から自分にも責任があると言われ精神的に追い詰められていくことなどがある。

——今の仕事は怖くないの？　男と２人で。

「最初は怖いと思いました。でも、もう割り切ってやっています。店から『危なくなったら帰ってきていい』って言われているから、いざというときは逃げようと思っているし、お客さんを自分で選べるから。それに、みるきーは他のお店に比べて厳しいんです。他店では撮影会や裏オプの強要があったりするから。お散歩も危ないって最近テレビで言われていますけどね……。とにかく、自分にもできる仕事、捕まらない方法で稼ぎたくて」

高校生活は平和じゃない

「高校生活って、平和じゃないですよ」

苦笑いしながら、カオリは学校生活について話し始めた。

「馬が好きで馬術部に入ったけど、やめたんです。部活は朝７時に集合だったから、家を毎朝５時半には出なきゃいけなかったし、授業の実習で毎週５枚以上のレポート提出があって、夜もやることがたくさんあったんです。それを一生懸命やっていたら、だんだん朝ごはんが食べられなくなって、そのうち昼も夜も食べられなくなって、固形物を飲み込めなくなっちやった。それが続いて親が心配するようになったけど、『お昼もゼリーしか食べられないからお弁当作らないで』って言っていたら、それから2週間でめまいがするようになったんです。気が強い部活の先輩とも上手くいっていなくて、馬とは触れ合いたかったけど、馬術は人の言う事を聞かせるために馬を叩いて暴力をふるうから嫌で、でも先輩の言いなりになってそういうことを続けていたら体調を崩して部活を休む日も出てきて、『いい加減やめたら』と嫌味を言われるようになったんです。そのうち、もともとひどかった過呼吸や蕁《じん》麻疹が出るようになって、学校に行くのが精いっぱいになって、授業に出ずに保健室で寝たり、病院に行くようになって部活をやめました。高校に入って2ヶ月くらいでしたね。今は選択授業で週に1回馬に乗れるチャンスがあるから、それを楽しみに頑張っています」

彼女は幼い頃から動物が好きで、飼育員になりたいと思っていた。母親の実家で祖母が牛乳パックで作った6角形のイスを倒して、お馬さんごっこをして遊ぶのが好きだった。高校を卒業したら引退した競走馬の世話をする仕事に就くことになっていたのだが、向こうの都合で彼女の内定は取り消されてしまった。

「将来は馬に関わる仕事か、子どもと関わる仕事をしたい」

カオリは、その理由を話してくれた。

マスクを外さない理由

「中２でいじめに遭って、ひたすら泣いていたんですよ。家から出られなかったし、家族とも会話できなくなって、学校でもずっと保健室にただ座っていた時期がありました。

なんとなく馬が見たいと思って母に言ったら、乗馬クラブに連れて行ってくれました。その時、私はインストラクターの人も怖いくらいに人間不信だったんですけど、馬を触って乗せてもらったら、馬が私を気遣ってくれているのが分かったんです。緊張していたから、その気遣いが嬉しかった。馬って目が優しいし、あったかくて、なんとなく親には話せないことを話してみたんです。いじめのこととか、辛い気持ちとか。ずっと誰にも言えない気持ちを話せたから、幸せな気分になって泣いちゃった。その子はその間ずっと小屋から顔を出して聞いていてくれたんです。人参をあげて『また明日ね』って言って帰ったら、翌朝その馬が腹痛を起こして死んじゃって会えなかった」

そこからカオリは、馬に関わり子どもたちを元気にできたらいいなと思うようになった。

「それと、自分みたいに学校に来られなくなった子どもたちの話を聞いたり、理解できる先生になりたいとも思っています。小学校か中学校の先生。自分が経験しているから聞ける話もあるのかなと思うんです。何も分かっていない先生に『そんなの大丈夫だから』と言われ

取材時、これまで誰にも打ち明けたことのない悩みを語ったカオリ。彼女にとって「お散歩」はリハビリの機能を果たしているという。

ても『どうせ他人事じゃん』と思っちゃう。だから、そういう経験をしている子の力になりたい。

でも私、今でも本当に人が嫌いなんです。今はイヤホン外していますけど、いつもはマスクとイヤホンをして、絶対人と目を合わさないんですよ。だいぶ克服できてきたけど」

取材中も、彼女はマスクを取らなかった。ジュースを飲むときも、ストローをマスクの内側に入れるようにして飲んでいる。彼女のツイッターや店のサイトに掲載しているプロフィール写真もすべてマスク姿だ。

——ずっとマスクをしているの？

「コンプレックスなんですよ。小学校のときはほくろが多いことで『ホクロマン』と言われて気にしていて、中学に入ってからは顎変形症で噛み合わせがずれていることを、男子にすごくバカにされて。私、受け口なんですよ。だから『アゴ』とか『ブス』とか言われて」

受け止めてくれた1人の教員

「いじめって、次々標的が変わってなくならないじゃないですか。私がクラスで４人目のターゲットでした。３人目にいじめられていた子が、当時私の仲良くしていた子で、その子は学校に来られなくなって精神的に落ち込んで入院することにもなって、その後学校をやめました。遠くの学校に転校したんです。その子と仲良くしていた私が次のターゲットになった。よくあるいじめの流れですよね」

それから、彼女は容姿についてきつく言われるようになった。

「私の場合は顔のことが一番叩きやすいから、散々顔のことを言われました。それから、学校に来ただけで『え、来たの？』と言われたり、机を倒されたり物を隠されたりするようになっていって。担任も知っていたけど、見て見ぬふりをしていました。いじめられている間も仲の良かった友人たちはサポートをしてくれて、メールをくれたり学校でも普通に話しかけてくれていたけど、いじめはどんどんエスカレートしていきました」

「学校に行きたくない」と親に訴えたが、両親は「そんなの甘えだ。不登校は認めないい」と言い、カオリは学校を休めなかった。いじめの輪はどんどん広がり、逃げ場がなくなって保健室に行くようになったという。すると、担任が毎日やってきてこう言った。

「なんで教室に戻って来ないの？　学校に来ているんだから、他の子と一緒にしないのはずるいでしょ。あなただけ特別扱いできないから」

そう言われる度、泣いていた。だんだんパニックを起こすようになり、別室登校をするようになった。すると、今度は教員がいない隙を見計らい、いじめっ子たちが教室を覗きに来て、「あいつなんで学校に来ているの」「クラスで授業を受けないなんてせこい」「どうせ授業を受けないなら来なくていいじゃん」と言われるようになった。

「それからは24時間、学校に行きたくないと考えていました。そのころから『死にたい』という気持ちが強くなって、いつ死んでもいいやと思っていました。大通りで赤信号に突っ込もうとしたこともあるし、飛び降りようとしたこともあります。他にいじめられた子は転校したり休んだりしていたけど、うちはそうさせてもらえなかったから辛かった」

しばらくして、カオリの母親が一度学校にやってきた。「どうなっているんですか」といじめの話をすると、担任は「クラスに話を聞いてみます」と言った。後日、いじめの中心になっている生徒たちに担任が話を聞くが、「私たち何もしてないです」の一言で終わった。

「私のところには、代わるがわる教師が来るようになりました。ある日、一番嫌いだった20代の男の先生に保健室の個室で『お前そんなのただの甘えじゃん。悲劇のヒロインぶってんなよ』って言われたんです。30分くらい、ずっとキツイ口調でガーガー言われて、そのとき初めて学校から飛び降りようって考えました。大人なんて信じられない、人なんて嫌いって思った。学校のカウンセリングにも回されたけど意味なくて、『学校行きたくない、死にたい』ってパニックを起こしていました」

そんな日が続いたが、１人の教員が彼女を理解し受け止めてくれたという。カオリが中１のとき、産休の教員の代行で来ていた非常勤の女性養護教諭だった。彼女は既に異動していたが、カオリの状態を聞きつけて遠いところを駆けつけてくれたのだ。「そんなに学校に来たくないなら来なくてもいいんだよ」「自分の命を削りたくなるくらい嫌なら、私からお母さんに話してあげるから無理しなくていい」と声をかけ、一緒に涙を流してくれたという。

一方、彼女とともにやってきた担任は「あなたが死んじゃったら、私は教師を続けることができない」と言ってカオリに泣きついた。その言葉にカオリは「自分の教え子が死んだら、担任がいじめを放置していたことがばれて責任が問われるからでしょ」と思った。

「そこまでいって、親もやっと『行かなくていい』と言ってくれたんです。母が大泣きして

『親の前で死ぬなんて言わないで。あなたのことすごい大事だから。子どもが死んで悲しまない親はいないし、そんな言葉を聞いてお母さんは哀しいいし、こんなことを子どもに言わせてしまって、お母さんも生きていていいのか分からなくなる』と言われたんです」

「中間的就労」

カオリは涙ながらに話を続ける。

「靴を隠されて上履きで帰ったこともあるし、上履きに画びょうが入っていたこともあるし、教科書にカッターが入っていて手をざっくり切ったこともある。未だに地元でいじめてきた奴らに会うんですよ。そういうときは『私、普通に元気に生きているけど、どうよ?』みたいな顔をわざとします。でも、いじめた側は忘れているんですよね」

3年生になってからはクラス替えもあり落ち着き、学校に行くことはそこまで辛くなくなったというカオリは、「人間関係が恵まれない半面、いい人との出会いもあるんです。駆けつけてくれた保健室の先生みたいな人にも出会えたから。辛いけど、その分そういう出会いがあるからいいかな」と笑った。

いじめの経験から、精神的な不安を抱えるようになった彼女は、「そんな自分でも働けるところを求めてお散歩にたどり着いた」。また、小学生の頃から容姿のことをいじられ、顔にコンプレックスを感じていた彼女は小学生の頃からキャバクラ嬢に憧れていた。

当時、キャバ嬢をテーマにしたドラマや雑誌が流行しており、キャバ嬢が女子高生のなりたい職業第１位になったと報道もされた。テレビを見た小学生のカオリは「自分に自信を持っていて、キラキラしている可愛いお姉さんのお仕事に憧れた。子どもの頃からそういう仕事に憧れていたから、裏があるって知らなくて、お散歩も抵抗なく始めてしまった」と振り返った。

いじめを放置され、学校から排除され、不安定な精神状態になった彼女に「お散歩」は中間的就労のような機能を提供している。

＊　＊　＊

取材の後、私は少女に自著『難民高校生』を贈ることにしている。カオリにも本を渡すと、その日の夜に徹夜で読んだと、翌日連絡があった。

「ゆめのさんが高校時代にした経験とか、考えていたことと重なる部分があって驚きました。

また会ってお話ししたいです。学校の子たちにも読んでもらいたいので、いただいた本を私が卒業するまで学校の図書室に預けようと思って今日司書さんにお願いしに行きました。そうしたら、先生が読んでみてOKだったら学校で買って置いてもらえることになりました！うちの高校は中退者も多くて、私のクラスも高1のときは38人スタートだったけど、1年目に5人、2年のときにも単位が足りなかった2人と妊娠しちゃった子がやめたし、不登校の子もいます。誰にも言えずに悩んでいる子も多いと思うから、何かのきっかけになったらいいなーって」

彼女の提案によって、『難民高校生』は私からのメッセージとともに図書室に置いてもらえることになった。カオリは、「学校で自分から行動したのなんて初めてですよ」と笑っていた。彼女とも、長い付き合いが始まった。

〈調査から〉

「いじめを受けた経験はありますか」には4名が「ある」と答えた。文部科学省による平成24年度の「児童生徒の問題行動等生徒指導上の諸問題に関する調査」

では、全国の国公私立小中高校、特別支援学校におけるいじめの「認知件数」は19万８０００件を超えた。児童１０００名あたり、14・３件のいじめが発生していることになる。

また、カオリのように「病院を受診し、医師に精神疾患と診断されたこと」が「ある」と答えたのは31名中４名。うち２名はいじめられた経験があり、もう２名はＤＶ被害に遭ったことがある。インタビューで「ＤＶの被害に遭った経験」が「ある」と答えたのは４名。「摂食障害の経験」が「ある」と答えたのも４名だった。

「自殺行為の経験」が「ある」と答えたのは10名、「死にたいと思ったこと」が「ある」のは15名にのぼった。平成25年中の未成年の自殺者は５４７名（内閣府「平成25年中における自殺の状況」）。毎年５００名以上の子どもたちが、自ら命を絶っている。

【平成25年中の未成年自殺者数505名の自殺原因】（内閣府「平成25年中における自殺の状況」）

・家庭問題81名（親子・その他家族関係の不和35名　家族からのしつけ・叱責26名　家族の将来悲観8名　家族の死亡1名　その他11名）

・学校問題159名（入試に関する悩み21名　その他進路に関する悩み43名　学業不振39名　教師との人間関係2名　いじめ5名　その他学友との不和28名　その他21名）

・健康問題117名（身体の病気の悩み12名　鬱病の悩み・影響42名　統合失調症の悩み・影響25名　その他の精神疾患の悩み・影響32名　身体障害の悩み1名　その他5名）

・男女問題50名（失恋28名　その他交際をめぐる悩み19名　その他3名）

・勤務問題21名（仕事疲れ9名　職場の人間関係5名　仕事の失敗1名　その他6名）

・経済・生活問題18名（就職失敗6名　生活苦4名　負債2名　失業1名　その他5名）

・その他59名（犯罪被害1名　孤独感16名　近隣関係1名　その他41名）

第5章

アヤ・16歳――家庭と学校に居場所を失う

家族との不仲から一人暮らし

「むしろ話聞いて欲しいです。ストレスたまってるんでｗ」

そう連絡をしてきたアヤと会えたのは、やり取りを始めて1ヶ月以上経ってからだった。

「ごめんなさい　いま起きました……」

約束の日、待ち合わせの30分前に連絡があった。2時間遅らせることにして彼女を待っていると、そのまた30分前に「すみません。その時間からお散歩の予約が入りました……」と連絡があり、翌日改めて会うことになった。

翌日14時、待ち合わせ場所に彼女は来ない。15時半になり「やばい、寝てました。まぢすいません」と連絡が入った。翌週再び約束をしたが、また寝坊。そんなことが4回繰り返された。

16歳で高校2年生のアヤは、家族との不仲から一人暮らしをしている。毎日13～15時に起床し、16時頃お散歩に出勤して23時まで働き、帰宅後は朝方まで眠ることができずに昼夜逆転の生活を送っているという。

やり取りを続けるうちに、「とりあ（とりあえず）睡眠薬処方してもらえれば早く寝れるんですけどね～　仕事ばっかりで病院いけてないんです……」と、彼女が毎日眠れない夜を過ごしていることがわかった。彼女のツイッターを見ると、「ツイキャス」という中高生に流行中の動画配信サイトを使ったプライベート生放送動画の配信をよく深夜に行っていた。

そこには、部屋で洋楽を流しベッドの上で寂しそうにカメラに向かって話しかけるアヤの姿があった。放送を見ている男性からのメッセージにカメラ越しにコメントを返し、画面を通して見知らぬ人と会話をしていた。

「ツイキャス」では、スマホ１台あれば携帯で撮影した映像を世界中に配信できる。今、これが子どもたちの間で大流行している。高校生らが行う放送の中には、今誰とどこにいるのか、どこに住んでいるのか、通っている学校や親の生活までもが、画面に映る情報やネットを介したコメントのやり取りからすぐにわかってしまうものがあり、プライベートが丸見えになっている。彼女は１人寂しく眠れない夜、暇つぶしに動画配信をしているようだった。

自殺未遂

「朝起きれないから、夜ご飯食べながらにしません？（笑）」

アヤの提案で、私たちはお散歩が休みの日の夜、ご飯を食べる約束をした。その日の朝、起きてすぐ携帯を見るとアヤから連絡が入っていた。朝からめずらしいと思いながらメッセージを開くと「昨日、緊急入院したんですぅ」「詳しくゎ会った時話しますけど今日遅れちゃうかもです」と書かれていた。

——えー、大丈夫!?　体調悪いの？

「自殺未遂？　わら」

——今どこにいるの？

「病室ですょ。今から家族きます。また会った時にいろいろ話します」

アヤは前日の夜、薬を大量摂取するオーバードーズをして救急車で運ばれた。自分で救急車を呼んだというが「起きたら病院で、何があったのか全然覚えてないんです。風邪薬で意識なくなると思わなかった」と本人は言っていた。

「やっぱ今日むりでした。病院から帰してもらえない。涙　とりあ精神科のカウンセリングでちゃんと話せれば2〜3日で退院かな……」

彼女が心配で、私は毎日連絡を取ることにした。

退院、一時帰宅

「おはようございますぅ　今日はめちゃくちゃ頭がいたーい……」

――大丈夫？　ちゃんと先生に伝えてね
「病名は急性薬物中毒って言われました。笑　なんかヤバい人みたい　がんばりますぅ」

――もう消灯時間過ぎてるんじゃない？　入院中くらい早く寝なさい（笑）

「もー部屋まっくらですよｗ　でも寝れないｗ」

――おはよう！　体調どう？

「つらおです　鼻から栄養とってまふ　胃がやばいから的なことゆわれまひた」

――退院したらおいしいもの食べに行こうね！

「たべるー！　ありがと～涙　ゆめのさんお姉ちゃんみたい！」

――お姉ちゃんいるって言っていなかったっけ？

「いますけど、糞仲悪いですｗｗ」

こんなやりとりを続けた数日後、退院が決まった。

「一時帰宅しまぁす　明日も朝から点滴だけど。とりあ実家に帰されることになりました」

一人暮らしをしていた彼女だが、体調や精神状態から実家に戻ることになった。その1週間後、「何もせずに実家にいると病んでくるし、稼がなきゃやばいんで」と、アヤは一人暮らしを再開し、仕事へ復帰した。しばらくして「夜ご飯食べられるようになった！」とメッセージが届き、改めて会う約束をした。

お店の寮で暮らす

11月20日、約束の時間に現れたアヤは思ったより元気そうだった。彼女と会うのはこれが初めてだったが、そんな気がしなかった。

「何回も寝坊しちゃってまじすいません。今日も13時くらいまで寝てた」

――もう体調は平気なの？

「大丈夫です！　重い患者の病棟に入院したから、隣のお年寄りが夜に緊急事態になっているのを見ながら、私なんかがこんなところにいてごめんなさいって思ってました」

この日はカフェで話を聞かせてもらった後、快気祝いにうちでご飯を食べることになっていた。

――自殺未遂って、どうして？

「なんでだろう。仕事は辛くないし、全然辛くないのになんでだろう。家も一人暮らしだから辛くないのに。なんでだろう、寂しいからかな。でも実家には帰りたくない。お母さんとぶつかるから。でもうちには友達が結構遊びにくるんですよ。だから楽しくやっているつもりだけど。半年前くらいからリスカもします。病んでますね、メンヘラです。リスカは痕になるから、お客さんにばれると面倒くさいんですよ。だから、傷痕にはBBクリームを塗ったり、絆創膏を貼っています」

――どうして一人暮らししているの？

「去年お母さんと仲が悪くて家出していたんです。3ヶ月くらい経って連れ戻されて、お父さんに『まじやだ』って言ったら一人暮らしさせてくれました。お母さんはとりあえず厳しいんで、面倒くさい。門限22時だし、家の手伝いをしないとご飯を食べさせてもらえないんです。うちは兄弟が多くて、洗い物や洗濯物の数も多いから。でも、22時に帰ったら手伝うことがもう残ってないじゃないですか。だからご飯も食べさせてもらえない」

――親は仕事のことを知っているの？

「はい。全然心配していません。ニュースでお散歩関連の事件を見ても、親は『アヤは援助交際とかやっていないでしょ。お客さんとただ歩くだけなら居酒屋のバイトと変わらないよね』って言われています。危ないことはないんです。うちのお店は2人でカラオケに行けるんですけど、個室に入ってから『何号室です』とお客さんの目の前でお店に電話するから、びびって変なことはしてこない」

――お散歩を始めたきっかけは？

「なんだろう……。とりあえず時給が高いところで働きたかったんですよ。家出したのが去年の年末で、お金が必要で、『もえなび！』で調べて自分で面接に行きました。そうしたら家出してきた子が多いお店で、住むところを用意してくれてみんなで住むみたいになった」

家出してしばらくは彼氏の家で過ごしていたが、彼の親が許さず、友人の家を彼氏と転々とするようになった。その後、このままでは彼や友人に迷惑がかかると思い、仕事を探したそうだ。

「最初は彼氏とか友達んちをずっと転々としていればいいやと思っていたんですけど、お店に家出少女が増えてきて、寮ができたんです。家出の子は10人以上いました。九州から家出してきた子、新潟、愛媛からの子もいた。店の人は見れば家出の子だとわかるじゃないですか。大きいバッグとか持っているから。だからみんな面接のとき店長に、『家出？』って聞かれて、こういう理由で家出してきましたって話すんです。

そうしたら、『家出だと補導されたら親に連絡が行ってしまうから、男の家に泊まったりするんじゃなくて、店に用意されたマンションに住みな。そのほうが安全だよ』と言われて、事務所があるマンションの別の部屋に住んでいました。『警察に補導されて身分がばれたらいけないから、22時以降は家から出ない』っていうルールが徹底されていました」

寮では、10畳のワンルームに多いときで８人の少女が暮らしていた。

「困っている少女」への巧みな誘い

アヤは自ら店に連絡をしたが、スカウトマンは街で家出少女に声をかけている。「店の人は見れば家出の子だとわかる」と言うとおり、キャリーケースを引き１人で夜の街を彷徨っている少女に声をかけたり、ネットカフェで寝泊まりしている少女を見つけて誘ったり、ＳＮＳを通じて家出を希望する少女を迎えに行ったり、地方の少女に飛行機のチケットを送って呼び寄せたりもしている。「うちなら寮も仕事もある」と言われ、現状から抜け出したい少女たちはついて行く。彼女たちには、自立心がある。アヤも誰にも頼れず、他の選択肢もわからずに仕事に就いた１人だった。

残念ながら、街やネット上で「困っている少女」に声をかけてくる大人は、そんな大人たちばかり。店のスタッフは「そのほうが少女たちのためになる」と語るが、彼らは住まいを提供する代わりに毎日少女を働かせ、抜け出せないように囲っていく。

「寮は無料で住めるんですけど、その代わりに仕事に毎日入らないといけないし、お店の人に逆らえないから大変でした。『家出の女の子が増えてきたから寮を用意した』と店長に言われたときは、すごくいい人だなと思っていたけど、その後売り上げナンバーワンの女の子と店長が付き合い始めて、ひいきが激しくなったのでやめて今のお店に移りました。

店長は28歳で、『摘発が怖い』『家出の女の子が多いから、責任感じてる』とよく言っていました。近くのお店で人気の子だけを店長の自宅に住まわせて摘発されたことがあったから、絶対ばれないようにって言われていました。寮のことは、ばれたら警察が来ちゃうから求人情報にも書いていないんですけど、スカウトが家出の子を連れてくるんですよ。今働いているお店も家出の子が多くて寮があります」

「JKお散歩」と「JKリフレ」、「JK撮影会」と「JK見学店」（少女をマジックミラー越しに観察する）の4つの系列店を持つアヤの店には事務所が1つだけあり、店舗が必要なリフレと見学店に関しては、他店の店舗を借りて利用している。店の経営者たちにはつながりがあり、互いに事務所や接客スペースや、寮や少女たちを貸し合っている。

4系列合わせて80人以上の少女が所属しているこの店には、「家出の子は20人くらいいると思う」と、アヤは家出少女の名を挙げた。

彼女は家出中、「家出中の中3と付き合っている、49歳で金遣いの荒い超怖いスカウト」

から携帯電話まで買い与えられていた。キャバクラと風俗の経営にも関わっている、その界隈に名の知れた男だった。

「元彼からもらった携帯を使っていたら、『元彼とは縁を切れ』と言われて、その人が新しい携帯を契約して持たせてくれています。使用料も全部出してくれているんで楽です」

美容院代も出してもらっているアヤは「おいしい話」であるかのように話すが、よくよく聞いてみると、携帯を買い与えられてからこのスカウトに逆らえない状況にあるという。「逆らったらやばい」と思わせたり、貸しを作ったりするのは彼らの常套手段だ。

学校より仕事

――学校は寮から通っていたの？

「学校は、1回やめたんですよ。で、今は通信制高校に入りなおしました。でも通信なんで、毎日暇です。仕事ばっかりしてる」

アヤは「スカートはひざ下で、夏でもネクタイ上まで上げて、黒髪で化粧も禁止の超厳しい学校」に通っていたが、その厳しさに耐えられず高校1年生の3月に中退したと話す。

「夏休み明けから不登校でした。行きたくなくて、仲良しだった友達4人でやめました。毎朝学校の最寄駅で集合するけど行くか行かないか迷って、1人でも行きたくないって言ったらみんなで遊びに行っていた。冬になってから、親に学校行っていないことがばれて、正直に行きたくないって言ったらやめさせてくれました。うちのお父さんは自由な感じだから、タバコを吸っても何も言わないし、学校やめるときも『いいんじゃない』って。

それから通信に入ったけど、週1回の登校日にはこの3週間行っていません。周りがみんな留年しているから同い年がいなくて話が合わないんですよ」

複雑な家庭環境

彼女は、同情を誘って客をとっているという。

「親が離婚して母子家庭でお金がなくて……って深刻そうに話すと入ってくれます。離婚はほんとうなんですよ。うち、パパっ子なんですけど、パパには会わないです基本。離婚してから全然会っていない。たまに、『元気か』ってメールが来ますね」

――いつから会ってないの?

「中2くらいから両親が別居して、ちょうどうちが中3で受験の頃に離婚しました」

アヤは高校に行きたくなくなった理由を、「校則が厳しくて嫌になったから」と言っていたが、その時期他にもいろいろな事情が彼女を襲っていた。

「離婚のときは、家がめちゃくちゃでやばかったです。弟たちは小さいから、両親が離婚していることはまだ知らないけど、弟や妹の前では笑顔でいなきゃいけないし、ストレス溜まりまくっていました。お姉ちゃんはその頃大学受験に落ちて、今はニートです。ほんとうなら、今お姉ちゃんは大学に行って一人暮らしをしているはずだったのにまだ家にいるから、代わりに私が家を出ました。一人暮らしを始めたのは自由になりたかったのと、実家ではお姉ちゃんと相部屋だったから私がいるとお姉ちゃんが勉強に集中できないから。初期費用だけパパに出してもらって、６万８０００円の家賃と光熱費は自分で払っています」

　彼女には、３歳と12歳の弟、６歳の妹、19歳の姉がいる。

「多分再婚はしていないけど、ママには27歳の彼氏がいるんですよ。飲み会で知り合った男らしい。離婚したのは２年前だけど、３歳の弟の父親は多分その彼氏ですね」

　アヤが弟を連れて公園に行くと、親子に間違えられて知らないおばさんに「お父さんはいるの?」と話しかけられることもある。自分も両親に甘えたい気持ちを抑えながら、彼女は弟妹の世話をしてきた。将来についてはこう語った。

「このままだと高校の単位がやばいです。うち偏差値32なんで、将来は大学とか専門とか行ってみたいけど、お金と学力的に行けるかわかんない。どうしよう」

「店長貯金」

彼女はこのとき、週に6日、14時から23時までお散歩に出勤していた。

――どうしてそんなに働くの？

「ナンバーワンのプライドですね」

アヤはきっぱりと答える。

「マネージャーに、『お前ランキング落としたらクビな～』とかよく言われるし、うちの店では毎月売り上げ上位の子と店の上層部との食事会があるんです。事務所にケータリングを呼んで、お偉いさんたちとご飯を食べます。女の子にも普通にお酒を飲ませてきます。そういう会に顔を出していると、『プライドを持って仕事しろ』って言われるんで頑張っています。店には信頼してもらっているから、そんな自分を裏切れないっていうか。

それと、裏オプやっている子に負けたくないんです。2～3ヶ月働いていれば、だいたい裏オプ客の顔ってわかるんですよ。だから、その客についていった女の子は、やっているんだとわかる。それで、あいつに負けたくないって思う。売り上げ1位の座を譲りたくない」

――どのくらい稼いでいるの？

「1回だけ、ひと月で43万稼いでお店の歴代記録になったんですよ。店に半分入るから、その半分が手取りです。稼げない日は３０００円っていうこともあるんで、平均すると手取りで月10万～15万とか。でも先月、大阪から来た人がすごくいい人で、お散歩に来る前にパチンコで20万円勝ったからって１日丸々買ってくれて、その他に２万円お小遣いくれたんです。スロット打ちに連れて行かれて、そのときはやばかった。１日で７万円売り上げたのがお店の最高記録です。関西から来ている建設作業員で、台風直撃で仕事が休みになったからって、２週間くらい毎日来てくれていたんです。本当はお客さんとの連絡先交換は禁止だけど、その人とは交換したほうがいいってお店に言われてしました」

――お金の使い道は？　貯金しているの？

「いや、使っちゃいますね。お店にも家族にも貯金しろって言われるんですけど、毎週休みの日に違う子とディズニー行くんですよ。ディズニーが好きっていうわけじゃないけど、ストレス溜まって一気にお金を使いたくなっちゃうんで。はしゃぎたいっていうか。

でもうち、店長とめっちゃ仲良くて、店長貯金っていうのをやっているんですよ。例えば１日に１万３０００円稼いだら１万円貯金する。それをやると結構貯まるんです。結局、月末に受け取って一気に使っちゃうんですけど」

店長貯金とは、本来日払いである給料の一部を店長に預けることだ。その分の給料は月末など各自で決めたタイミングで受け取る。少女たちの貯金をサポートするものとしてこれが仕組み化されている店もある。

金銭管理の仕方が分からず、手渡しで給料をもらってもすぐにお金がなくなってしまうという少女は多い。そういうサポートまで、店がしている。アヤは、「これがあるから家賃をちゃんと月末に払えていた」というが、貯金の途中で店とトラブルを起こし、貯金分の給料を受け取れないままやめていく少女もいる。

1日1食

カフェを出て、2人で我が家へ向かった。一緒に活動している私の彼が、ご飯を作ってくれることになった。一人暮らしを始めてから半年、アヤは1日1食しか食べていないという。

「うち、朝と昼は食べないんです。起きるのが昼過ぎだから、夜ご飯しか食べない。今は寒いから、客引き中に温かい飲み物を飲んでお腹いっぱいになっちゃうし、あとはタバコでお腹を満たします。後から来るお客さんがご飯を食べていなかったときのことを考えて、お客さんとは小さいものをこまめに食べるんですよ。だいたいが30分コースだから、カフェでケーキとか。夜になると、お客さんと居酒屋に行くことも多いです。最後までお客さんがご飯を食べさせてくれなかったらコンビニで何か買って帰ります」

しばらくして彼が作った白菜鍋がテーブルに運ばれてくると、アヤは「こんなに豪華なもの食べるの初めて！」と目を輝かせた。鍋の具材は、白菜、大根、ネギ、豆腐、鶏肉。特別豪華な食材は使っておらず、あるものでパッと作った鍋だったが、相当喜んでくれた。

「実家では、お鍋とかやってくれないです。お鍋って、家でやるんですか？　うちは小さい子たちが野菜食べないから、出してくれないんですよ。野菜が食べれて今幸せです」

「誰かが料理したものを食べるのは久しぶり」という彼女にたくさん食べてほしくて、私たちは自分の分までおかわりを勧めた。食べながら、他愛もない話をする。彼が野球部だったことを話すと、アヤは私と2人で話したときには語らなかったことを話し始めた。

「高校のとき、野球部のマネージャーだったんですよ！　小中でソフトボールをやっていて、全日本で2位まで行きました！　日焼けして、めっちゃ真っ黒だったんですよ」

そう言って、2人は野球の話で盛り上がる。中学時代の写真を見せてもらうと、真っ黒に日焼けした彼女の姿があった。金髪でタバコを吸う今の姿からは想像できないほど健康的な

白菜鍋を楽しそうに食べるアヤ。よく食べるのを見ると、スポーツ少女の面影がある。

体つきをした、黒髪ショートカットのスポーツ少女だった。

「部活をやっていたときは、めっちゃ食べていました。お母さんに作ってもらったお弁当を2時間目の終わりに早弁して、お昼は購買でご飯を買って、そのとき多めに買った残りを放課後部活の前に着替えながら食べて、部活の後にスーパーのフードコートでまた食べて、家に帰ってから夜ご飯も食べていました」

現役時代は3段のお弁当を食べていたというだけあって、彼女は鍋をぺろっとたいらげた。私たちは鍋に残った汁に餅を追加し、彼女に食べさせた。

「1年前、高校でマネージャーをしていた頃までは朝6時半集合だったんです。5時に起きていたのに今はその時間から寝ています。仕事から帰ってからお風呂に入って寝て、起きたら15時とか。携帯をいじっていると、朝になっているんです。休みの日のご飯は友達と外で食べて、自炊はしないから冷蔵庫はからっぽ。生活ってすぐ変わっちゃいますね」

すべての始まり

ソフトボールを始めたきっかけは、洋服が欲しかったから。野球好きの父親は、子どもに野球かソフトをさせるのが夢だったそうで、「買い物に行ったときに欲しい服があってパパにねだったら、ソフトボールをやるなら買ってやると言われて」始めた。アヤの姉は陸上、弟は野球をやるスポーツ万能家族なのだという。

全国大会2位の実力に驚きながら、彼はこう問いかけた。

「高校では、ソフトを続けようと思わなかったの？」

「それが、怪我させられたんですよ。中3の引退試合の全日本大会のときに相手チームの選手に肩を踏まれて、途中退場。通っていた中学が中高一貫だったんですけど、スポーツ推薦で中学に入っていたので、怪我をして推薦が取り消されたんです。それで、学費が免除されなくなって、私立だったから進学できなくなりました。

だから、高校受験しなきゃいけなくなったんです。でももう秋だったし、それまでソフトばっかりやっていて頭悪かったんで、都立高校の受験に落ちて。結局別の私立の学校に入って野球部のマネージャーをしました。本当は高校に上がっても、ソフトやるつもりだったんですけど、怪我したし、推薦も取り消されちゃったから転校しました」

中学3年生のとき、両親の離婚で家庭が荒れる中、アヤは最後の試合で怪我をして、推薦を取り消されてしまった。急遽転校を迫られ受験勉強をすることになったが、家庭環境的にも精神的にも余裕はなく、とりあえず合格した高校に進学することになった。進学してからも、ほっとできる場所がなかったという彼女は夜眠れない日が続き、授業中に寝てしまい注意されるようになった。だんだん教員たちから厳しく接せられるうちに、学校の中で孤立していった。そして、同じように学校で孤立する少女たちと過ごすようになった。

学校をさぼるようになってからも、部活にだけは参加していたが、「なんで授業に来ないのか」と顧問に言われ、部活にも顔を出せなくなった。そして高校を中退し、通信制高校に入りなおしたという。彼女も家庭や学校に居場所をなくした1人だった。

「推薦取り消されてからが、すべての始まりだったな。あれがなければ、うちはきっと今こんなことをしていないと思う。でも、頑張っていたんですよ。高校で転校することになってからも」

――もし今の仕事がなくなったら何する？

「うちみたいなのに仕事を紹介してくれる人ってスカウトしかいないから、そいつに紹介してもらったら水商売になっちゃう。最悪キャバでも、枕営業しなかったらいいかな。２年前まで部活少女だったうちが、こんな風になっていて、まじうけます。今の仕事も肉体労働だから体力ないとできないし、そのときの経験が役に立っているのかなとは思うけど」

＊　　＊　　＊

帰り際、アヤはこんなことを言った。

「ゆめのさんの彼、なんかうちのパパと似ています。野球の話をしたのとか久しぶりで、懐かしくなりました。また鍋が食べたくなったら来ていいですか？　あ、そのときお散歩の友達も連れて来てもいいですか？」

それから１ヶ月近く経って、アヤは友達を連れてやってきた。とても17歳には見えない、セクシーな格好をしたメイという少女だった。

帰国子女で４ヶ国語を話せる彼女は裕福な家庭に育ったが、親の関心は成績や世間体ばかりで彼女自身を受け止めない家族に嫌気がさし、早く家を出て自立したいと思っていたという。そんなとき、大宮で遊ぶ約束をした友達を待っていると、若い男に声をかけられ「援デリ」に誘われ、働くことになった。

一人暮らしの資金を貯めるため、しばらくは高校に通いながらその「仕事」を続けていたが、半年前にお嬢様学校を中退し、今は38歳の彼氏の家に寝泊まりしながら、お散歩やレースクイーンをして働いている。彼女たちには、手料理を食べたりほっと一息ついたりできる場所がなかった。

〈調査から〉

高校を中退している少女は31名中７名で、４分の１近い。私もそうだったが、高校を中退すると子どもたちは所属を失うとともに、社会的な信用も失いアルバイトの面接にも受かりにくくなる。学校という教育の場からもれ、社会を彷徨う子どもたちが、他に行き場を見つけられることなく、危険をともない搾取されるような現場に行き着くことは稀ではない。

また、アヤのように一人暮らしをしている少女が2名、寮生活をしている少女が2名（うち1名は少し前まで児童養護施設で生活）いた。その他27名は実家で暮らしていた。家庭の事情から保護を要すると認められても、児童養護施設や保護シェルターでの生活になじめなかったり、耐えられず、店の寮に行き着く少女もいる。「あなたには信頼して相談したり、頼りにできる人がいますか」に、「いない」と答えたのは11名、「今の生活から抜け出したいと思うこと」が「よくある・まあある」と答えたのは17名だった。

第6章

表社会化する裏社会

3つの層

「はじめに」で述べたように、今、家庭や学校に何らかの問題を抱えているわけでなく、両親との仲も学校での成績もよく、将来の夢もあって受験を控えているような「普通の」女子高生が、リフレやお散歩の現場に入り込んできている。

「JK産業」で働く少女は、次の3つの層に分けられる。

①貧　困　層　貧困状態にあり、生活が困窮している層。
②不 安 定 層　経済的困窮家庭の子ではないが、家庭や学校での関係性や健康・精神状態に不安や特別な事情を抱えている層。
③生活安定層　経済的にも家庭や学校における関係性的にも困窮しておらず、その他特別な事情も抱えていない層。

「貧困層」の子どもたちはいつの時代も、こうした現場に取り込まれやすかった。高校時代の私は「不安定層」だったが、家庭や学校に何の問題も抱えていない「生活安定層」は、当時の現場にはいなかった。

しかし、この1年間で出会った少女の3分の1以上、31名中11名が「家庭や学校に何らかの困難を感じていますか」という質問に「いいえ」と答えた。

彼女たちは、両親や兄弟、教員や友人たちと良い関係を築いている。家では家事を手伝い、学校ではクラスの中心的存在で4年制大学への進学が推薦で決まっているという子や、受験勉強に備えて塾の費用を貯めるために効率よく働きたいという子、家計が苦しいわけではないが自分で学費を払いたいと思っていて、専門学校への進学時に奨学金を借りなくて済むように貯金するため働いているという子、人と話すのが好きだからこの仕事が向いていると思って始めたという子に出会った。彼女たちはみな明るく純粋で、病んでいなかった。

こうした少女たちが売春や犯罪の入り口に立っていることは衝撃的だった。少なくともこの10年間、「貧困層」や「不安定層」の子どもたちがそちらの世界へ引っ張られていくのを社会は放置し、容認してきた。その間に、「生活安定層」の子どもたちまでもが入り口に立つようになったのだ。

ミナの場合――店長と体の関係を持つ

5人兄弟の末っ子で、「家族は超仲良しだし、学校も毎日楽しいです」という高校3年生のミナは友人の紹介で、「普通のアルバイト」だと思い、秋葉原のJKリフレで働き始めた。

「店長はきもいけど、他のバイトより稼げるんですよね」

前に働いていた店では、店長に体の関係を迫られた。優しい言葉をかけてくれる26歳の店長に「好きだ」と言われ、仕事の合間にキスされるようになった。

店長と体の関係を持ってしまったミナ。関係を持っていたのはミナだけではなかった。

性風俗店を改装し、使用しているこの店には、「奥にベッドとお風呂が付いたラブホみたいな部屋」が2つあった。追加料金を払えば客が少女と部屋を使用でき、性の売買が行われていた。ある日店長に誘われ、その部屋でセックスした。彼女は本気で店長に惚れ、「大人の男だと思って」付き合った。いや、付き合っているつもりだった。

ある日、ミナは同僚の少女Aに相談を持ちかけられた。なんと、店長とAの恋愛についてだった。

「店長とやった?」と聞かれ、ミナの口からはとっさに「やってないよ」と言葉が出た。するとAは「よかった。私だけだった。実は店長とヤっちゃったんだけど、他の子にもしているんじゃないかって疑っていたんだ」と言った。ミナはショックで涙を流した。Aにほんとうのことを言えなかった。

しばらくして、また別の少女から「店長と付き合っている」と打ち明けられた。怒りに震えた彼女は店の少女たちに事実を伝え、店長に訴えると「意味不明な嘘をついて、風紀を乱した」として、給料未払いのままクビになった。その後、店長がその他4人の少女とも関係を持っていたことを知ったという。

〈調査から〉

「店の経営者やスタッフが店で働く少女と体の関係を持ったり、付き合っている」と答えた少女は31名中11名だった。

店の関係者と体の関係を持ち、恋愛関係にあると思わされている少女は多い。少女をその気にさせるのも、少女たちをまとめ、手放さないための手段の1つとなっている。

トラブルがあった後、「色々あったと聞いたよ」とスカウトから連絡が入った。彼はミナの話を聞き、新しい働き先を紹介した。彼女にとってはありがたかったが、これも前の店の店長とスカウト、系列店らが連携した、少女を取りこぼさないためのよくある手段だ。

そして、ミナは高田馬場のリフレ店に移った。この店ではビキニやブルマ、下着が見えるほど短いスカートなど過激な衣装での接客が基本だったが、前の店で「着替え」のオプションをこなしていたミナは抵抗なく始めた。客に水着をはぎ取られることもあった。いつの間にか、そのくらいのことは彼女にとって何でもなくなってしまった。

チヒロの場合——大人の思惑に取り込まれる

「うちのお店は、ほんとうに健全なんです。店長が『普通の子にも働ける場をつくりたい』と言ってオープンしたお店だから。私は店長と一緒に、これから新しい観光案内を、新しいお店をつくっていきたいんです」

そう熱く語る高校2年生のチヒロは、待ち合わせ場所に店の車でやってきた。約束の直前

店長を完全に信頼していたチヒロ。しかし、彼女を取材現場まで車で送ってきたその男からは、明らかに“裏の世界の匂い”がした。

に「店長が送ってくれることになった」と連絡があった。どんな男に連れられてくるのかわからないので、私は人混みに紛れるようにして待つことにした。

やがて、フルスモークのかかったワゴン車から少女が降りてきた。運転していたのは、40代の男性だった。彼女を降ろすと車はすぐに立ち去ったが、柄物のシャツに金色のネックレスをし、金髪を刈り上げた髪型にひげを生やして色つきのメガネをしていたその男からは、明らかに裏の世界の匂いがした。

チヒロによると男は風俗店を数店舗経営しており、「女の子のために体を売らなくても稼げる仕事をつくってあげたい」と浅草に観光案内店をつくったのだという。その想いがほんとうかどうかはわからないが、チヒロは店長を完全に信頼していた。

彼女も家族との関係はよく、学校にも楽しく通っている。しかし、お散歩の仕事をしていることがクラスで噂になると、男子から「あいつ援助交際しているんじゃね」「ヤリマン」とからかわれるようになった。そのことにチヒロはひどく傷ついていた。

「私はこの仕事に誇りをもってやっているのに、そんな風に言われて悔しいんです。ゆめのさん、この仕事が変な仕事じゃないんだってことを伝えてください！　うちの店長は怖い人じゃない。優しいし、ゆめのさんにも会ってみたいってきっと言うと思いますよ！」

真剣にそんなことを言われて、私は困った。あまりにも店長を信頼する彼女に、危険を伝えられなかった。

取材の後、「お店から脅されたり、だまされたりした子もいるから気をつけてね」と私が言うと、「店長は嘘を言いません！」とチヒロは自分の大切な人を悪く言われたというように怒っていた。プライドが高い彼女は、お散歩の仕事を「新しい観光案内の仕事」だと誇りを持つよう教育を受けていて、絶対に曲げなかった。

翌日、チヒロから私の話を聞いた店長が脅しの連絡をしてきた。何かチヒロにも影響があったかもしれないと心配して彼女に連絡すると、本人は何も知らない様子だった。数ヶ月後、店長とトラブルになったチヒロは店を移り、今は店の関係者の紹介で秋葉原のＪＫリフレ店で働いている。彼女も大人の思惑通りに取り込まれていった。

エミの場合——扱いやすい「ルールに従順」な少女

「店長が待機時間に勉強を教えてくれるし、時間を有効に使えると思って」

そう話したのは、埼玉から2時間かけてリフレ店に通っているエミだった。これまでの少女のなかで一番真面目そうだった。こんな子も働いているのかと、私も驚くほどだった。

中学生と見間違えるような幼いファッション。妙に辺りを警戒しながら現れたエミが、「店の関係者にばれたら困るから」かけてきたというサングラスは冬空の街中で浮いていた。大きく重たそうなエミの鞄には、10冊以上の参考書とノートが入っていた。出勤途中、電車の中で勉強しているのだという。

「来年受験生になったら勉強を優先したいから、今のうちにバイトを頑張ろうと思って」

エミはツイッターで店を知った。「女子高生にオススメバイト」というアカウントにフォローされ、「オープニングキャスト募集！　効率よくあなたの都合で働けます！」という書き込みを見て店に連絡をした。これが、人生初めてのアルバイトだった。

〈調査から〉

「『JK産業』以外のアルバイトをしたことはありますか」という質問には、31名中11名が「ない」と答えた。他で働いた経験がない少女が右も左もわからず、「安全だし、みんなやっているから」と言われて働いているケースは少なくない。

「うち、門限が21時なんです。塾にも通っているからバイトできるのは週1回。地元では時給が安いから、放課後数時間バイトをしても、あまり稼げないんです」

「効率よく稼げる」という書き込みにピンときたエミは、週1回放課後に17～19時の2時間だけ出勤している。客がつかない日もあるため、実際には地元でバイトをしたほうが稼げるのだが、「待機中に勉強できるのが一番のメリット」だと言う。

「通勤には時間がかかるけど、その間も電車で勉強できるし、この仕事は待機時間に何をやっていてもいいから、勉強できるんです。周りの子はお菓子を食べたり携帯をいじったりしているけど、私は待機中はずっと勉強しています。うちの店長、有名私立大を卒業したばっ

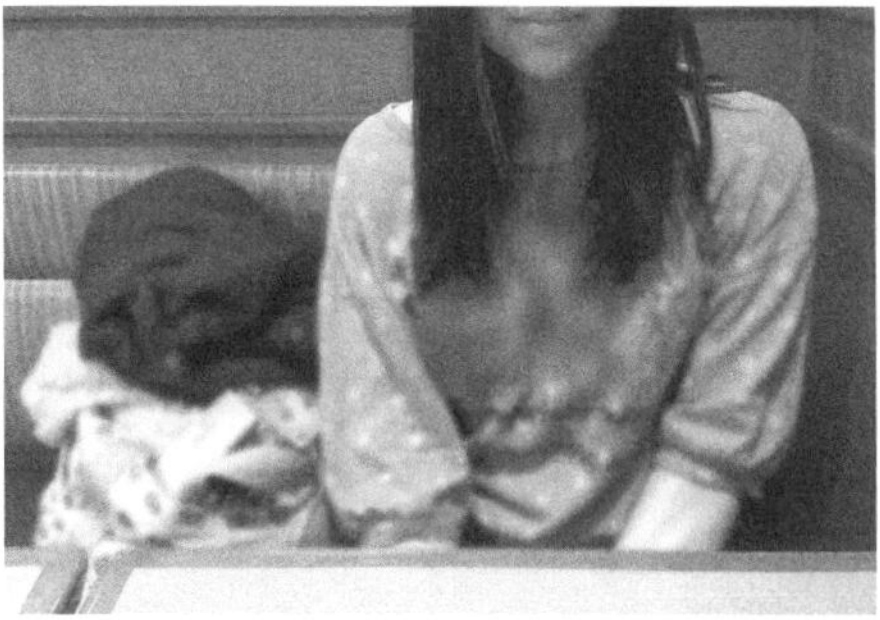

「生活安定層」の代表ともいえる少女・エミ。彼女はどこまでも真面目でリフレ店のルールに従順だった。

かりなんですよ。だから、受験のアドバイスもしてくれるし、たまに勉強も教えてくれるんです。そんなことまでしてくれるバイトって他にないなあって」

なんと、店では学習支援まで行っていた。具体的に「ここは受験に出るよ」「これはこうすると覚えやすいよ」と教えてくれるらしい。

そんな彼女に私は、同じ店の少女が客からレイプの被害に遭っていることや、ＪＫリフレ店の仕組み、実態を伝えた。危険の入り口に立っていることを知ったエミの表情は硬くなっていく。彼女はＪＫリフレで次々と事件が起きていることや、補導される可能性があること、「補導とは何か」も知らなかった。

「どうしよう、やめたい」

身分証を出しているため、ばっくれて家や学校に連絡をされたら怖いというので、私は彼女にやめ方をアドバイスし、店長への言い訳も一緒に考えた。

やめたいと思っても、店から脅されたり、「君が必要だ」と頼み込まれてやめられなくなったりする子もわずかではない。そういう可能性を含めて、彼女に伝えた。不安そうに、彼女は私にたくさん質問をしてきた。一通り話を終えたあと、考え込んでいた彼女はこう言った。

「あと3日シフトを出しちゃってるんで、その出勤だけしたらやめます」

真面目すぎるというかなんというか……。2週間後、彼女から連絡が入った。

「店長に『やめたい』と言ったら、『退店希望は1ヶ月前までに言ってもらうルールだ』と怒られちゃいました。だからあと1ヶ月だけ出勤します。それまでに捕まらないですかね?」

エミはどこまでも「ルール」に従順だった。「生活安定層」の少女たちは、「貧困層」「不安定層」の少女たちより従順に店のルールに従う傾向があり、自分が危うい世界にいることにも気づいていないため、店側は扱いやすい。

重宝される「普通」の少女

私は高校生のとき、メイドカフェでアルバイトをした経験がある。当時はまだメイドもJ

Ｋ産業も、今ほど流行しておらず、そこで働く少女たちはみな、何かしらの事情を抱えた「ワケあり」だった。未成年への売春斡旋容疑で逮捕された執行猶予中の男が店長で、系列には風俗営業店がいくつもあった。

メイドがメディアに取り上げられるようになると、たちまちそれは一般化され、私たちは半裏社会的な、グレーな存在から「表社会に認められた存在」となっていった。それまで客は、キャバクラ通いしている男性か、明らかに少女好きでオタクっぽい雰囲気の男性ばかりだったが、そうでない「普通」の客も来るようになった。それと同時に、バイトに応募してくる少女も急激に増え、「ワケあり」でない「普通」のメイドが増えていった。さまざまな事情から生活のために働いていた「ワケあり」のメイドたちは気が強く、おかしいと思うことがあれば店に文句を言うようなタイプだった。一方、「普通」のメイドたちは店のルールを従順に守った。扱いやすい「普通」の少女は重宝された。

働く少女が増えると、シフトが調整され、それぞれの出勤時間が短くなっていった。すると、生活のために働いていた「ワケあり」の少女たちはそれでは食べていけなくなり、みるみるうちに系列の風俗店に移籍していった。

メイドカフェは「ＪＫ産業」とは異なる業種とされるが、当時働いていた店ではメイド約

40名のうち、成人しているのは2名だけだった。「女子高生であること」を売りにはしていないものの、10代の少女を限定して扱うメイドカフェやメイドによるお散歩店など、「JK産業」と横並びで位置づけることができる店もある。

私が働いていた頃から「お散歩」はあった。働いていたメイドカフェには「出張サービス」や「デートコース」といって、客の指定した場所に少女を送り、デートできるオプションがあった。しかし、当時の私たちにとってそれは、「売春するような子がするもの」であり、人目を避けて行われていた。それなのに今、お散歩やリフレで働く少女たちは堂々と街に立ち、客引きをしている。それだけで、私にとってこの光景は事件だった。

裏社会の大人たちが「普通」の女子高生を取り込むことに力を入れたのではない。お散歩もメイド同様、一般化しているのだ。

また、スマホやSNSが普及するとともに、店はそれらを用いて求人情報を流したり、少女たちに声をかけたりするようになった。それにより、「普通」の少女が介入するようになった。

ある調査では、「ネットで知り合った人と会ってみたい／会ってみたことがある」と答えた女子高生は56・6％に上った（情報セキュリティーメーカーデジタルアーツ株式会社「未成年の携帯電話・スマートフォン利用実態調査」２０１４年）。

情報化によって敷居が低くなり、窓口は広がり、裏社会の入り口に立つ可能性が「普通」の少女にまで広がっている。


〈調査から〉

スカウトは、何か問題を抱えていそうな少女を狙うため、「普通」の少女への声かけには力を入れていない。「家庭や学校に何らかの困難を感じていますか」という質問に「いいえ」と答えた「生活安定層」の11名のうち、街でスカウトに声をかけられたのは、たった1名だった。他10名の入店経緯は「友人の紹介」が6名、「自分で調べて」と「ＳＮＳを通して」がそれぞれ2名ずつだった。

社会が容認する裏社会

実は私には、ＪＫリフレの経営をして捕まった知人がいる。摘発前、彼らは自分たちの職業を「風俗店経営。女子高生とやりまくれるし、月300万は稼げる」と周囲に自慢していた。スカウトについては、「病んでいたり、お金や居場所を必要としていたりする子を狙ったほうが、打率がいい」と話していた。

これまでそうした世界で働くのは、スカウトが直接声をかけた子と、その子が連れてくる同じような状態の子どもたちばかりだった。それが今では、誰もがアクセスできるネットに簡単に情報を発信できるようになり、一般化している。ネット上では、裏社会も表社会も関係ない。彼らはSNSを通した広報で罠をひろげ、少女がひっかかるのを待っている。1人が引っかかれば、後は紹介が紹介を呼び、結果的にさまざまなタイプの少女が取り込まれることになったのだ。

ネットにおける公での広報と「普通」の少女たちの介入もあり、裏社会は表社会化している。社会はそれを容認している。8年前はそれ自体が「裏オプ」であった「お散歩」が「普通」の女子高生のアルバイトとして大流行しているのが、その例だろう。

彼女たちは危険に気づかないのではない。「仕事中、危険を感じることはありますか」という質問には、「よくある・たまにある」と計26名の少女が回答している。それでも働き続けるのは、「危険を自分ごととして捉えられていない」からだ。

子どもたちは日々たくさんの情報を目にしているが、彼女たちには情報を選択したり、判断したりする力がない。「ＪＫ産業」で働く少女の中には、店のホームページがあるだけで「ちゃんとしたお店なんだ」と安心したという子もいる。少女が身の危険を感じても、「大丈夫、安心して」と店は教える。そうなる前に、危険を伝え、判断力をつける教育をしなければならないが、親や周囲の大人たちですら、子どもがどんな情報にアクセスしているか把握するのが難しくなっているのが現代の特徴だ。大人も危険を知らないがゆえ、子どもたちを守り、支えることができていない。それを防ぐには、少女を取り巻く実態を学び、伝えていく必要がある。

「ＪＫ産業」は「脱法産業」

よく、大人から聞かれることがある。

「なんで、こんなところで働いちゃうのかねぇ」

一方、現場で働く少女たちは、こんなところで女子高生を買うんだろうねぇ」と、客の男たちとはこんな会話を重ねてきた。

「なんで客の男たちは、こんなところで女子高生を買うんだろうねぇ」

少女の行動に疑問を持つ人は多いが、それを利用する男性や店側に疑問を持つ人はほぼいない。「男はそういう生き物だから」なんて通用しない話だが、そういう前提のもとで話をする人も少なくない。また、「そういう問題は昔からあった」「なくなる問題ではない」という声も聞かれるが、そう言っている間に状況は刻々と深刻化している。

少年法では、売春や家出を繰り返し犯罪をおかすおそれがあると認められた少年少女を「ぐ犯少年」と言い、家庭裁判所にかけ少年院に送ることができる。「何もしていないのに捕まった」と辛そうに話す少女にも出会っているが、本来は子どもを守り育成するためのものとして定められている。

「ぐ犯少年」に対する措置はあるのに、なぜ、買春するおそれのある男性や、少女を利用し違法に搾取しようとする大人たちに対しては何の対処もないのだろうか。少年たちは補導され、家庭や学校に連絡が行くのと同じように、犯罪予備軍の大人たちにも注意と家族や職場への連絡をしてほしいと思う。そうすれば、安易に少女を買おうとする男性は減るはずだが、現状、売春や強姦などの確証がない限り男性は捕まらない。違法行為を求めて少女に、「裏オプできる?」と声をかける男性を叱る大人はいない。犯罪が起きてからでは遅い。少女たちの周りには犯罪を起こしそうな、起こしている男性は珍しくないのだ。

少女たちはまだ子どもで社会を知らず、判断能力もない。一方で、雇う側、買う側は大人だ。彼らは身の危険をわかっているからこそ、規制をくぐり抜けるようにして、少女をうまく利用している。「ＪＫ産業」は、そんなグレーゾーンを狙った「脱法産業」なのだ。

男性が変わらなければならない

また、男性が犯罪者にならないため、少女から搾取しないための教育も必要だ。「ＪＫ産業」が一般化した今、その構造や裏があることを知らずに「健全なお店」として利用する男性や少年も少なくない。そのため、知らず知らずのうちに買春者になっているということもある。

あるとき、講演で「数年前、援助交際がしたくて女の子に声をかけようとしました。結局勇気が出ずにできませんでしたが、街で知らない男性に援助交際を持ちかけられたら女の子はどんな気持ちになるのか知りたいです」と質問されたことがある。

この話を女性たちにすると、誰もが第一に「怖いよね」と言った。声をかけられたとき、はっきりと拒否できる女性はごくわずかだ。怖いからこそ、多くの女性は何も言わずに立ち去ったり、男性を避けて人混みに入ったりする。見知らぬ男性に声をかけられただけでも「怖い」と思う女性の気持ちや危険をすべての人が理解すること、なぜストーカー行為やレイプをしてはいけないのかを学び、理解するための教育が必要だ。
日本では、学校教育における性教育やＤＶ防止教育がほぼなされていない。性犯罪や少女への暴行事件が起きるたび、「子どもや女性一人ひとりが、辺りを注意し警戒しながら生活するように」と注意をうながす報道がされるが、子どもや女性側の注意だけで避けられる問題ではない。

子どもや女性が性被害や暴力に遭わないための教育、身を守る方法を教育するだけでなく、男性が加害者にならないための教育や、被害に気付ける人を増やすための教育をしなければならない（被害件数は圧倒的に女性が多いが、性被害やＤＶ被害に遭っている男性もいるため、男女問わず被害者・加害者にならないための教育が必要であることも念のため記しておく）。

これは少女たちだけの問題ではない。大人が、男性が変わらなくてはならない。

地方のＪＫリフレ

また、これらは東京や都心部だけの問題と思われがちだが、郊外から数多くの少女が集まってきている。都内のＪＫリフレ・お散歩店で働いていた28名のうち、住まいが「東京」なのは16名、「埼玉」７名、「千葉」３名、この他「茨城」と「新潟」から家出してきた少女が

福岡のJKリフレの女子高生。「JK産業」は都心部だけで起きている問題ではない。

1名ずつだった。28名中12名、約4割が都外在住の少女だった。埼玉や千葉の少女たちからは、「地元には居場所がない」「地元には仕事がない」という声が聞かれた。

また、大阪、福岡、熊本のJKリフレで働く少女からも話を聞いた。東京ではJKリフレの給料は歩合制だったが、地方では3店とも時給制をとっていた。

福岡では、「メンズエステ」と称して営業するJKリフレで、時給800円で客の性処理をしている女子高生と出会った。風俗店を改装してつくられたその店には、監視カメラが付いていて、ずっとマネージャーに監視されている。来る客はすべて「抜き客」で、少女たちは1時間に2人のペースで客の精子を抜いている。

大阪では、「東京で女子高生に流行っているバイトだってスカウトから聞いて始めた」という少女に出会った。熊本では、メイドとかJKカフェがテレビで取り上げられていたことから、「友達もやっていたし、リフレも変なバイトじゃないと思った」という高校中退の少女に出会った。

進む個人化

ＳＮＳやアプリの発達により、買う側の男性たちにとっても、人目につかずに少女に直接アクセスできるようになった。全国どこでもスマホ１台あれば誰とでもつながれる時代。大きな繁華街を持たない地方の女子高生にまで、入り口は広がっている。

今回話を聞いた31名の中で、10名が「店を通さず個人で客と散歩したことがある」と話した。うち９名はお散歩店で働いたことがきっかけで知り合った客と個人的にやり取りするようになっている。何度も散歩を重ねるうちに、少女たちは男性を信頼するようになる。そのうち、弱みを握られたり隙をつかれて性暴力をふるわれたり、お金のやり取りが成立しなくなるのを経験している。

お散歩の「個人化」は、少女が男性と直接やり取りをするようになっただけではない。第４章で紹介したカオリは、お散歩店を知る前に「今って、おじさんとご飯を食べに行く仕事あるじゃん?」と男に誘われて、その男を仲介人として客を取っていた。つまり、カオリを雇った男のように、「個人で散歩を斡旋する男性」が増えているのだ。個人化するのには、どの層も関係ない。少女をその気にさせるのは簡単だ。

店の経営者や裏社会に通じる大人だけでなく、そこに付け込む「個人の男性」が増えている。彼らは自ら少女を集め、買いたい男性を募って商売をしている。少女を信頼させるため、ホームページを作っている人もいる。「個人で散歩を斡旋する男性」による個人店で働く少女は31名中3名いた。

ある少女は、予約が入ると指定された待ち合わせ場所に行き、仲介人から教えられた客の番号に非通知で電話をし、客と落ち合っている。散歩後、銀行に行き、客から受け取った料金の半分を自ら仲介人に振り込む。お金の持ち逃げなど考えたことはない。「そんなことしたら、ここで働けなくなっちゃうじゃないですか」——。彼女はこれを、普通のアルバイトだと思っていた。

自ら声を上げる難しさ

家や学校で何らかの事情を抱え傷ついた子どもたちは、自ら声を上げることが難しい状況にある。大人でも、困窮状態にある人はなかなか声を上げられない。いや、生活が困窮していない大人でも、困った時に「助けて」と言えない人、誰かに頼ることを躊躇する人は多いのではないだろうか。厳しい状況にある人は大人も子どもも「人を頼る勇気」がもてず、社会保障に繋いでくれる人とのつながりもないのだ。

また、高校生世代の子どもたちは、困窮状態にあり孤立していても、本人の意思や親権問題が絡んで現存の支援には繋げないことも多い。たとえば親との関係がどんなに悪く、生活がボロボロでも、児童養護施設やシェルターには入りたくないと主張する子どもは多い。

私もそうだった。もちろん、彼らを保護するこれらの施設は大切な役割を担っているが、児童相談所に相談すれば、「親を裏切ることになってしまう」と考える子どもや、シェルターによっては行動を制限され、携帯の使用を禁止され友人とも隔絶され、学校にも通わせてもらえないことがストレスとなって逃げ出し、違法の寮に寝泊まりしながらＪＫリフレで働いている少女もいる。

したがって、これまでの関係性や社会とのつながりを隔絶しなくても受けられる、ある程度生活に自由度を持って受けられるサポートを選択肢として用意すべきだ。

大人への不信感

また、彼らのすべてが、最初から声を上げられなかったわけではない。それぞれが、何度か声を上げたけれど、「助けてもらえないどころか裏切られた」という経験をしている。

たとえば、親にお金を渡すために働いていたサヤは、レイプ被害に遭った後、警察に連れて行かれた。「親に連絡をしない、事件のことを話さない」と約束する代わりに彼女は事情聴取を受けたのだが、その後すぐに家に連絡が入っていた。そこから、彼女は自分の苦しみや家庭の事情について口を閉ざすようになった。

７６００円で売春していたリエは、家庭の事情や鬱病の母の状態を教員に相談していた。リエの高校では、担任以外に生徒の相談役となる「チューター制度」を設けており、生徒が自分で好きな教員を選べるようになっている。高１の春、彼女がチューターに選んだのは若い新任の男性教員だった。入学したばかりで教員を見極める時間も関わりもないまま、「若いし一番さわやかだったから」と多くの女子がその教員を選んだ。面談の度、家庭の事情を話していたが、いつも「学校に来ていればいいから」と言われるだけだった。

観光案内の仕事だと思いお散歩を始めてから、危険を察したリエはそのことを「このままで大丈夫かな」と相談した。教員からは、「お前はバカだからそんな仕事しかできない」と言われた。いつの間にか客に体を売ることがやめられなくなり、彼女はまた相談した。すると教員は彼女を軽蔑し、「お前には呆れているんだ。汚い。そんなお前が進路のことを考える意味はない。進路指導はしない。自分で考えろ」と言い放った。唯一、「相談してもいいんだ」と制度的にも思えていた相手を、リエは失ってしまった。

他にも、「スクールカウンセラーに話したことが親や教員に知れ渡っていた」という話もよく聞く。これと同じようなことはどこででも起きている。

第1章の冒頭で紹介したメッセージをくれたハルナは、小学生の頃から母親とぶつかり合う日々が続いている。精神的に不安定な母は調子のよい時は彼女を可愛がるが、そうでないときがほとんどで、ささいなことで怒鳴り、叫び、家では毎日のように物や暴言が飛び交っているという。「あんたなんていなければいい」と、暴力をふるわれることもある。母親とぶつかる度、「死にたい」と思うようになった。小学生の頃からずっと、自分が存在する意味を考えていた。

父親が介入するともっと大変な騒ぎになり、収拾がつかなくなる。父も怒鳴ったり物を叩きつけたりするのだ。いつの間にか、ハルナも両親と同じ方法で感情をぶつけるようになっていた。小学生の妹は、そんな彼女を怖がっているという。

中3のとき、養護教諭に母親との関係を相談すると、東京都の「教育相談センター」を勧められ、彼女はセンターに電話した。そこで市の「教育相談室」を紹介され、翌日の放課後勇気を出してハルナは自転車で隣町の相談室へ足を運んだ。

相談室では「誰にも言わないから、全部話していいんだよ」と言われ、涙ながらにこれまでの経験や想いを話した。しかし、なんとその後、相談員が勝手にハルナの親に連絡をし、彼女の了承なくすべてを伝えていた。センターに迎えに来た母と対面した彼女は青ざめた。母は相談員から聞いたハルナの訴えに涙を流し、ハルナを抱きしめて謝った。

「誰にも言わないから」という大人の言葉に裏切られたハルナ。

「なんで言ったの？　内緒にするって言ったじゃん！」

職員は、「あなたの命を守るためだ」と言い残し、彼女は家に帰された。不安定な状態にある母親は態度を改めることなく、家庭崩壊の原因をハルナに押し付けた。そして、相談員の勧めでハルナを精神科に連れて行った。彼女はそこで「気分変調性障害」と診断された。それから3年、彼女は毎日、精神安定剤や睡眠導入剤など6種類の薬を飲んでいる。「薬を減らしたい」という彼女の想いとは裏腹に、医師から処方される薬の量はどんどん増えている。

中学生が自ら行政の相談窓口に連絡をし、1人で足を運ぶ。家族関係や自分の気持ちを打ち明ける。それがどんなに勇気のいることか。相談したことで、彼女の状況は良くなるどころか母との関係にさらに距離ができ、家族関係は悪化する一方だった。そしてハルナは「大人は信用できない」と思ったという。

社会保障も法律も、基本的に未成年は保護者に守られていることが前提とされている。行政は、学校は、大人は、10代の子どもたちの「秘密」を守ってくれない。仕事や住まいを与えてくれる裏社会のスカウトよりたちが悪いといったら言い過ぎだろうか。子どもたちをほんとうの意味で守ってくれる大人はどこにいるのか。

そんな経験から、もともと声を上げていた子どもたちも声を上げられなくなっていく。子どもが「助けて」と言えない社会はおかしい。子どもは1人では育たない、1人では生きて行けない。私たちは、子どもたちの信頼を取り戻すところから始めなければならない。

「困っている声」を敏感にキャッチする

「困っている」子どもたちの声はネット上にも溢れている。多くの大人たちは、自らそこに目を向けようとしたり、見つけようとはしない。しかし、子どもを利用しようとする大人たちは、「困っている声」を敏感にキャッチし、アプローチしている。

裏社会の大人たちは、おいしい誘い文句で少女を惑わしているのではなく、具体的に彼女たちを支える仕組みを作っている。生活が困窮し、食事や住まい、託児所付きの生活支援をうたう風俗店で働く若年女性が増えていると近頃メディアで報道されるようになったが、女子高生にも同じことが起きている。

家庭や学校に居場所やつながりを失い、セーフティーネットからこぼれ落ちた子どもたちが、彼女たちにとってありがたい条件が揃う店で働いているのだ。

頼れるつながりや安心して過ごせる居場所を失ったとき、少女に生活の術《すべ》を与えているのは、未熟さや性を売りにした仕事ばかりだ。そして、その多くが搾取的な労働である。

女子に限ったことではなく、行き場を失った少年たちも同じで、彼らはひったくった保険証をヤクザに１枚20万円で売る仕事をしたり、違法風俗店で少女を見張る役についたり、ドラッグの売買や詐欺に関わったり、震災後には１日数万円稼げると誘われ、放射能についての知識がないまま除染作業に駆り出されたりしている。

家をなくした一人の少年

他にも、雇用関係のない状態で危険を伴う建築作業に中学の頃から従事し、使い捨てにされた少年に出会った。彼とは、取材を通して出会ったカナの紹介で出会った。

両親が離婚し、母親と二人暮らしをしているカナは、中卒で働く母を支えるため、15歳のときJKリフレで働き始めた。その後、家計を支えるため高校を中退し、18歳未満でも働ける違法のキャバクラを求めて埼玉から茨城まで通い、時給2000円で働いていた。それから、母親がネットゲームで知り合ったセフレのアパレル店社長のつてで、ショップ店員として雇われることになり、男性相手の仕事をやめていた。

カナと出会った日、彼女にも『難民高校生』を贈ると、「わかってくれる大人がいたんだって、びっくりしています」と連絡があった。彼女がタクヤを連れてきたのは、それから3日後だった。

「ゆめのさん！　助けてほしい人がいるんです」

話を聞いてみると、父親に仕事も通帳もすべてを奪われ、家を追い出された元ヤンキーの友人が、財布も何も持たず、寒空の下帰れる家をなくしているという。

「このままだと、悪いほうに戻っちゃうかもしれない、今向き合ってくれる人がいなかったら、ダメかもしれない。話を聞いてあげてくれませんか？　相談に乗ってあげてほしいんです。私だけじゃ何もできなくて、どうしていいかわからなくて」と、必死の訴えだった。

女の子を連れてくるのだと思っていたが、カナと現れたのは中卒で17歳の少年だった。夜も遅かったので、とにかくうちに招いた。タクヤの髪型や服装はいかついスタイルをしているが、彼はつっぱることなく、私たちの歓迎に少し戸惑い、申し訳なさそうにしている。

2日近く何も食べていないというので、とりあえず一緒にご飯を食べ、私の彼が銭湯に連れて行った。タクヤは幼少期から育児放棄を受けていた。両親は離婚しているが同居していて、母親は父親の奴隷状態。それでも両親は依存し合っていて、長男のタクヤは父親からの暴力にずっと耐えている。

銭湯では、男2人で語り合ったようで、タクヤは「じいちゃんのことが大好きなんです。じいちゃんちに行くと、今でも一緒に布団を並べて寝るんですよ。それっておかしいですかね？」なんて話をしたそうだ。

大切な「衣食住」と「関係性」

話をしながら、状況を整理した。タクヤは、家族と距離を置き、寮付きの職場で働きたいと言うので、とりあえず明日、一緒にハローワークに行って雇用保険などの状況を確認しようと提案した。

ハローワークには、中学生のとき食べ物を手に入れるため稼ぎたく、仕事を求めて行ったことがあるという。中学生の彼に仕事の紹介はしてもらえなかったが、タクヤは壁に貼ってあった建築会社に自分で連絡をし、そこで出会った親方のもとで働くようになった。

すごい根性だ。彼には、13歳から仕事をしてきた自信があるが、当然ながら雇用契約は結んでおらず、履歴書に書ける経歴は何1つ残っていない。本来、免許が必要な重機の扱いも任されていたが資格を取得していないため、職場をクビになった後、職歴も学歴も建設関連の資格も持たないまま路頭に迷っていた。

その日、2人はうちに泊まっていった。リビングに敷いた布団ですやすやと眠る表情をみながら、いつも肩ひじを張り虚勢を張って必死に生きている、そうせねばやっていけない彼らを想った。8年前、私にも安心して眠れる居場所はなかった。

翌朝、1人で職探しに行くと譲らないので、私たちはひとまずタクヤを見送ることにした。

私の彼が夜中に作った相談窓口のリストと、そこで確認すべきこと、話すべきことをまとめたメモを渡した。この後連絡を途絶えずにいられるか、今夜どこに流れていくのかわからない彼に、私は弁当を持たせた。タクヤは目をうるませて、頭を深々と下げて家を出て行った。

その後、彼は地元の先輩に「仕事を紹介してやる」と声をかけられ、その言葉を信じるものの、就職には至らないことを何度も繰り返していた。悪い仲間からも声をかけられ、誘惑に負けていた。

彼らは「縁」で動いている。無縁社会といわれる今の社会で、「縁」を頼りに生きている。

育児放棄を受けて育ったタクヤ。彼は「縁」を頼りに、がむしゃらに生きていた。

彼らが自立し安心して生活を送れるようになるためには「衣食住」と「関係性」が必要だ。本気で向き合ってくれる大人や、背中を押し見守ってくれる大人、出会いや社会的なつながりが生まれる居場所が必要だ。

どんな少女に関わっているときも、支援はひとすじ縄ではいかない。私たちは粘り強く関わり続け、長い目で、長い付き合いをしなければならない。一度、「よい方向に行った！」「可能性が見えた！」と思っても、後戻りすることも、もっと悪い状況に陥ってしまうこともある。裏切られることも、傷つけられることもある。

だけど、私たちは諦めない。途方に暮れる前に、死ぬ前に、「困った」と言えるような関係性を作り、つながり続けたいと思っている。そのためには、私たちが声をかけ信頼関係を結び、「気にしているよ」と伝え続けることが大切だ。

見せかけのセーフティーネット

帰るところがなく街をさまよっているときに、「宿と食事と仕事を与えてくれる」という人に声をかけられ、その人が悩みを聞いてくれたら、「他にも同じ様な状況の、同年代の女の子たちが楽しく働いているから安心して」と言われたら、ついて行きたくなるのは自然なことだろう。

「今日、食べるものがない」

「今日、寝るところがない」

そんなとき、声を上げられない少女に声をかけるのは、彼らを利用しようとする大人たちばかりだ。

こうした少女たちの問題は「心の問題」「貞操観念の問題」と間違って語られることが多

いが、実際にはより現実的な問題だ。少女たちは、もっとシビアに現実を見ている。

ＪＫリフレやお散歩、売春に流れていく少女たちの多くは「衣食住」を求めている。「寂しいから」「居場所を求めて」ではない。寂しさを埋めるためだけなら、少女はわざわざおじさんを相手にしない。女子高生を相手にする若い男はいくらでもいる。たとえ男性の前でそういう振る舞いをしたとしても、女同士の本音トークではそんな風には語られない。彼女たちは生活するため、お金や仕事が欲しくて男性を相手にしているのだ。

家庭や学校に頼れず「関係性の貧困」の中にいる彼女たちに、裏社会は「居場所」や「関係性」も提供する。彼らは少女たちを引き止めるため、店を彼女たちの居場所にしていく。もちろん、少女たちは将来にわたって長く続けられる仕事ではないことを知っているが、働くうちに店に居心地の良さを感じ、そこでの関係や役割に精神的に依存する少女も多い。

一見、「ＪＫ産業」が社会的擁護からもれた子どもたちのセーフティーネットになっているように見えるかもしれないが、少女たちは18歳を超えると次々と水商売や風俗などに斡旋され、いつの間にか抜けられなくなっている。

「ＪＫ産業」は系列風俗店への人材を確保するための、教育期間、教育機関のような役割を担っている。実際に、「店の関係者に風俗営業店で働くことを勧められたことがありますか」

という質問に「はい」と答えた少女は31名中15名だった。また、犯罪に巻き込まれたり性被害に遭ったりすることも多い上、価値観も狂いやすい。先に挙げたように、「この仕事を始めて金銭感覚や価値観は変わりましたか」という質問には、18名が「はい」と答えた。

「JK産業」から抜け出した少女もいるが、いつまたスカウトから声がかかるかわからない。次の仕事を見つけられるかどうかや、衣食住が確保された安定した生活が送れたり、社会とのつながりを持てたりするかどうかによって、状況は変わる。

〈調査から〉

「JK産業」で働き始めた年齢は14歳が2名、15歳6名、16歳11名、17歳10名、18歳2名。中学生のときから始めていた子どもたちはみな、家族関係について「悪いと思う」と答えていた。

第7章

少女たちのその後

２０１４年6月、米国務省が人身取引に関する年次報告書を公表した。この中で、「ＪＫお散歩」が日本の新たな人身売買の例として示された。「日本では、未成年の少女たちが買春や性風俗産業に容易に取り込まれている」と現状を指摘し、「秋葉原等に代表されるような繁華街で、未成年の子どもたちを使った売春ビジネスが横行している」実態が報告された。

日本は、各国の取り組みを４段階に格付けした中の、上から2番目の評価だが、この状況は10年も続いている。これは先進7ヶ国では唯一。また、報告書は「日本政府は人身売買撲滅のための最低基準を十分に満たしていない」と批判し、包括的な人身売買禁止法の制定などを改めて勧告している。

さらに、日本の法律は、売春やポルノ出演の強要、児童買春、児童ポルノ、労働搾取や強制労働を防ぐための整備が行われておらず、それらに関する摘発件数も少なく、重刑や有罪判決もまれで、実に軽いと指摘されている。

少女とともに過ごす人生

私は、「女子高校生サポートセンターColabo」で少女たちのサポートを行っている。しかし、ＪＫリフレやお散歩で働く少女たちのほとんどは、自分を支援の対象だと思っていない。困っていることがあっても、自分でなんとかしよう、自分でなんとかしなければならないと思っている。私も、彼女たちをただ単に「支援の対象者」として見ているわけではない。彼女たちとともに人生を歩んでいきたい、伴走者になりたいと思って活動している。

私は、本書で取り上げた彼女たちと取材を通して出会った。出会ってみると、様々な事情を抱えている子や、「関係性の貧困」の中にいる子がほとんどだった。私や私の活動に関心を持ってくれる少女も多く、相談することが苦手な彼女たちは何か困ったことがあると、「そろそろご飯したいです」と連絡をくれた。私は彼女たちと話をし、食卓をともにし、誕生日を祝い、一緒に学びに出かけ、家庭や学校、恋愛やアルバイトについて相談に乗ったり、ともに就職先を探したり、ときに川の字で寝たりしながら信頼関係を築いている。

支援は一筋縄ではいかない。少女とともに過ごす人生は波瀾万丈だ。

解消されない問題

出会ったとき高校3年生だった父子家庭で育ったレナと、親にお金を渡すために働いていたサヤは、それぞれ大学・専門学校に進学した。それと同時に「JK産業」をやめたが、今も、家族関係からくる孤独感や親からの金品搾取といった彼女たちの抱える苦難は解消されていない。

いじめられ、社会に慣れるためのリハビリとして働いていたカオリも高校を卒業し、手術を控えながら新しい仕事を探しているが、たまに精神的に不安定でパニック状態になった彼女から連絡が届く。

家出をして寮暮らしを経て、一人暮らしをしていた高校2年生のアヤはその後妊娠し、実家に帰ることになった。「妊娠しました!」と嬉しそうにエコーの写真を見せてきた彼女は両親の同意のもと、「18歳になったら彼氏と結婚するんだ」と話していたが、1ヶ月後、連絡が途絶えた。

何かあったのではないかと心配していると、彼氏に逃げられ子どもを中絶したという。中絶直後、自暴自棄になった彼女はスカウトに勧められるがままキャバクラで働き始めた。「自分にできることはこのくらいしかない」と、夜の仕事をしていた。

2013年の3月、通っている通信制高校の留年が決まったアヤは、「本当はこのままじゃ良くないとわかっているのに、どうしたら良いかわからない」と、中退の相談をしてきた。私にできることは、彼女の話を聞き、アドバイスをし、一緒にこれからのことを考えること、励まし続けることだ。彼女は今、夜の仕事をやめて高校に通いながら、地元の弁当屋でアルバイトをしている。

店長に絶大な信頼をおいていたチヒロはその後、店長とトラブルになり、今は秋葉原で「抜き店」と呼ばれるJKリフレで働いている。裏オプションはしないと言っていた彼女だが、感覚が変わってきているという。彼女にはこの仕事をやめたいという意思がないため、何か困ったときや、危ない目に遭う前に連絡をするようにと伝え続けている。

家を飛び出したカナ

タクヤを連れてきたカナからは、夜中に電話がかかってきたことが何度かある。初めて電話をかけてきた日、彼女は大泣きしていた。その日はカナの母親の誕生日だった。

母から「誕生日に彼氏が来てくれないから独りぼっちで寂しい」と言われていたカナは前日、「明日はプレゼントを用意して仕事から早く帰る予定。喜んでくれるかな」と嬉しそうに話していた。誕生日当日、ツイッターにはこんな投稿をしている。

「今日ゎままLしゃんの誕生日（＊゜∀゜＊）!!
でも中々お家にゎ帰りたくないし、仕事もあって帰れそうもないけど
プレゼントもあるしケーキ買って帰ろ（＊´・ω・）」

帰宅すると、家にはサプライズで母親の彼氏が来ていた。仕事や住まいを明かさずよく母親のことを泣かせている30代のこの男を、カナはよく思っていなかった。テーブルの上には男からもらったネックレスが置いてあり、嬉しそうな母親の顔を見てカナは「私からのプレゼントなんていらないんだ。私なんていらないんだ」と、家を飛び出してきた。そのことに母親は気付いていなかった。家を飛び出したカナは、ツイッターにこう投稿している。

「完璧舐めてる。なんであなたたちに振り回されるの～
なんで子ども家から出してまで一緒にいたいっすか～
家くんならホテルいけよ　私には男家に入れるなというくせに」

思いに気づいてくれない母親との関係が上手くいかず、家を飛び出したカナ。

「いや〜なんか悔しいね〜バカみたい。
金ない中何したら喜ぶかとか必死に考えて忙しい中計画ねって予定まであけて？
ふざけんなよ　なにが寂しいから帰ってきてだよ
いつも予定潰してるのてめーだろ　どんだけ我慢してっと思ってんだよ。
くそ。むかつく。あーまぢ泣くんだけど」

この投稿を見て、私は彼女にメールを送った。すると「今電話してもいいですか？」と返信があった。そして、カナは子どものように声を上げ泣き始めた。
「私はママの彼氏が好きじゃないから、いつも彼氏が来るときは外に出て、友達の家に行ったり夜も外で過ごすようにしているんです。そうしたら、いつかママも私の気持ちに気付いてくれるんじゃないかと思って。それなのに、いつまでたっても気付いてくれない。

『カナはなんでいつも家にいてくれないの？　ママを放置しないで。寂しい』って言われる。もう私のことなんて気付いてくれないんだって思うけど、それでも諦めきれないし、どこかで期待しちゃう。ママを支えようと思って高校をやめて働いているのに、ママは自分のことばっかりだし、彼氏と遊ぶお金はあるのに私にはお金を使ってくれない。それでもママのことは私が守らなきゃいけない、ママに寂しい想いをさせちゃいけないって小さい頃から言われ続けて思っているから、見捨てられない。

私が家を出ても、翌朝帰宅するとママは何事もなかったかのように接してくる。多分、何も気づいていないんです。だから私は諦めて、許す。その繰り返しです。これからもきっとこうして付き合っていくんだろうけど、寂しさは男でも埋まらないし、ちゃんとしなきゃと思いつつ、たまに自分が何で頑張っているのかわからなくなるんです」

クリスマスにも、「ママの彼氏が家に来ていちゃいちゃするから、家に居られない」と言うカナを誘い、活動のサポーターや友人とクリスマスパーティーを開いた。

カナは「クリスマスは女友達もみんなデートだし、誘われていた男と適当にホテル行くしかないと思っていた」という。その日は18時に約束していたが、「楽しみ過ぎて早く来ちゃいました」と、彼女は2時間早くやってきた。一緒に食事を準備しながら、色々な話をした。パーティーが始まり、8人ほどで食卓を囲むと「こんなにたくさんの人とご飯を食べたのは初めてです」と笑った。

料理とは疎遠のハナ

以前から、カナに紹介したい友人がいると言われていた。それは、家庭が崩壊し、家族から暴力を受けているハナだった。

「ハナも色々ある子だから、辛いこともあるはずなのに、友達にはそういう話はしないんです。いつも明るく振る舞っているけど、ゆめのさんのような信頼できる大人には相談とかもできるんじゃないかなって」

この夜、バイト帰りのハナが途中から参加した。

数ヶ月後、17歳の誕生日を祝ってくれる人がいないというハナのお祝いを家でしたときにはシチューを作ることになった。玉ねぎと包丁を渡すと、彼女は「これ、どうやって使うんですか?」と立ち尽くしていた。包丁の使い方を教え、玉ねぎの皮を剥くようにお願いすると、今度は「これ、どこまで剥けばいいんですか?」と、玉ねぎが白い部分までバラバラになっていた。誰かが料理している姿を見たことがなく、小学校の調理実習で米を洗剤で洗って同級生に笑われてから、余計に料理とは疎遠になったという。

ハナは最近、一人暮らしを始めた。離婚の話題が毎日出るものの、離婚には至らないまま数年間絶えず続いている両親の暴力的な喧嘩を止めに入ると、「そんなに私たちと暮らすのがストレスになるなら一人暮らししなさい」と家を出された。1人で生活しながら、定時制高校に通っている。幼い頃からコンビニ中心の食生活だったため、食に関心を抱くことなく育ってしまった。

家庭の影響で食に関心を持たず育ったハナ。料理もなかなかおぼつかない。

そんな彼女に、私はたまに料理を教えている。料理も1つの生きる術、食べていくための技だ。楽しみながら料理をし、「いつか大切な人にご飯を作って、おいしいと言ってもらえる日が来るといいね」なんて話をしている。

「本当はこんな仕事もうしたくないんです」

一方でカナは、「もう二度と戻りたくない」と言っていたキャバクラ嬢に、最近戻ってしまった。働いていた服屋で店長のセクハラを拒否したため、職場に居られなくなったことがきっかけだった。高校中退の彼女が、母親と生活を送っていくために必要なだけのお金を稼げる仕事を探すのは容易ではない。「夜職はしたくない」と以前私に言っていたからこそ、戻ってしばらく連絡できなかったという。

ＳＮＳへの書き込みから彼女の状況を知り連絡をとると、「本当はこんな仕事もうしたくないんです。でも、どうしたらいいかわからないし、私にできることなんてないじゃないですか」と話した。そんなとき、私は「とりあえず一緒にご飯でも食べよう」と誘っている。

さまざまな人生を送り、さまざまな活動をしている大人たちとの縁をつなぎ、カナの人生相談会を開催。キャリアカウンセラーのスタッフがカードを使って進路相談にのり、就職に向けてアドバイスしたり、色々な立場の大人たちから仕事や生きがいについて話を聞いたりしている。それでも、簡単には変われない。それは、彼女だけの責任ではない。変わりたいと願う少女にそのチャンスを与えない社会のほうにも責任がある。

先日、カナを子どもの貧困や孤食を防ぐ取り組みをする活動に連れて行った。子どもたちに居場所や食卓を共に囲む場を作り、温かいまなざしで子どもについて真剣に語る大人や、ホームレスや引きこもり支援をする大人の姿に彼女は驚いていた。

「これまで私の周りには、損得勘定や欲望優先の価値観で生きる人しかいなかったから、誰かのためを想って活動している人がいるなんて新鮮だし衝撃」と話した。

その日の夜、カナは「同僚の女の子にあげるんだ」と、精神障がい者や元ホームレスの男性たちと一緒に作ったパンを持ち、キャバクラに出勤した。ツイッターには、こんなつぶやきを残している。

「なんか世の中にはこーゆー人もいるんだなって実感(´・_・`)自分の欲望ばっかかで生きてる人より何倍もかっこいいね(´・_・`)おじいちゃんだけど(´・_・`)」

「今日の出会い、すごくためになりました。色々と考えさせられる1日でした(´・_・`)」

こんなに温かい人がいるんだ、みんなでご飯を食べるっていいな、人のために何かしようとしている人がいるんだと知れてよかった、「お母さんのご飯は小学生以来食べていない。食事はエサだと思っている」と言っていた男の子にご飯を美味しく食べられるようになって欲しい、一緒にご飯を食べたい……。カナは、そんな想いを話してくれた。相手を想い行動する大人を「かっこいい」と言える彼女が私は好きだ。

私はこれからも、彼女の選択肢を広げ増やせるよう一緒に考え、動いていきたい。

簡単にはやめられない。だからこそ――

「そんな仕事、危ないからやめなさい」

そんなことを言ったところで、簡単にはやめられない。ＪＫ産業で働く少女への「今の仕事をやめたいと思ったことはありますか」という質問には、31名中17名が「よくある・まあある」と答えているにもかかわらず、彼女たちは働き続けていた。

やめたいと思っても、客に「やめないで」と頼まれたり、店に「君が必要」だと言われたりすると断れない少女も多く、場合によっては脅されることもある。

また、他での関係性を持っていない彼女たちにとって、今までそこで築いてきた関係や立ち位置を絶つことも容易ではない。そのため、問題なくやめられるよう店への伝え方を考えたり、関係者に引き止められる可能性を想定しながら見守ったりすることも必要だ。

何事もなくやめられたとしても、次の仕事を探す手助けをしたり、アルバイトの探し方や履歴書の書き方から教えたりしなければ、なかなか次には進めない。学習する余裕のない生活を送ってきたため、漢字や文章を書くことが苦手な少女もいる。そういう少女にとっては、履歴書を書くということ自体、ハードルが高い。

私に出会って自分がしていることが売春だと知り、「1ヶ月で、全部変わっちゃった」と言っていたリエは、お散歩をやめられた1人だ。親から受けてきた言葉の暴力によって自分の大切さを感じられないと言うが、私の誕生日には「出会えてよかったです。産まれてきてくれてありがとう」なんて言葉をくれるあたたかい少女だ。

彼女を丸ごと受け止めつつ、時に叱り励ます大人は、これまでずっといなかった。彼女が無自覚に性を売っていることやその背景を知り、私は一緒に道を切り開いていくしかないと思った。その世界に潜む危険や実態、大人に上手く利用されている状況を、信頼関係を築きながら伝え続けた。「売春は事件になるようなことなんだよ」「私はあなたが好きだから自分を大切にしてほしいよ」と、関わりの中で少しずつ伝えた。

彼女が40代の男性とデートに行くのを見送ったこともある。途中まで後ろからついて行ったが、後で「手を出してこなかったので何事もなかったです！　いい人でした！」と連絡をもらい胸が痛んだ。

【リエから送られてきたメッセージ。すべて別の日に送られたものである】

①

本当にもうお散歩は終わりですね。そろそろ心入れ替えて、来月から新しいバイト始めようと考えてます！
(普通の)

あとお店に辞めると伝えました！

23:36

②

もう本当に今回は危機感を感じたので、そろそろ辞めないとなって思いました…

個人もしないです！笑
もう怖いので(´・_・`)

バイト決まったら教えてください！お願いします(*^^*)

23:47

③

こちらこそありがとうございました(*^^*)

もう本当にそろそろ秋葉原出た方がいいんですね・・改めて思いました！何かあった時じゃ遅いですよね。

それとおじさんの方は何もなく大丈夫でした！

23:54

④

違うお店に移って、また秋葉原のお散歩で働いています・・お店の名前は　ってところです！

18歳未満はメイド通りで立てないので予約入ったときだけ出勤してます(._.)

ゆめのさんに会ってからしばらく普通のバイトしようと思って探したんですけどやっぱり中々抜け出せなくて・・危険だとわかっててもやめられないんですよね・・

20:38

そんな自分が情けないです(._.)

20:38

① やめる決意をしたが「そろそろ」と言いながらなかなかやめられない。

② ３週間後、警察の摘発を恐れて、今度こそやめると連絡があった。次にやりたいバイトが見つかったら履歴書の書き方を教えることを約束した。

③ それから１ヶ月後、40代男性の客にせがまれ、個人でのお散歩にまた応じた。その後に送られてきたメール。

④ 一旦店を辞めたが、新しく始めようとしたアルバイトの面接に落ちたことがきっかけで、また別の店でお散歩を始めてしまった。この１ヶ月後、彼女は別のアルバイトが決まり、「JK産業」から抜けることができた。

たまに性行為を求めてこない客がいたり、寒さに凍えながら客引きしているときに性行為なしでカフェに連れて行ってくれる客がいたりしたときに、「こんなにいい人がいるなんて！」と、そんなことで少女たちが感動しなくていいような社会にしなければならない。

ますます広がる危険

２０１３年12月、ＪＫお散歩の少女は補導の対象になった。するとたちまち、「コミュニティールーム」「コミュニケーションスペース」「プレイルーム」（少女と話したりゲームができる）「こころのお悩み相談室」（少女によるカウンセリング）「占いの部屋」（少女による占い）……と、女子高生と男性をつなぐ新たな形態が誕生している。

２０１４年春、千代田区は「客引き禁止条例」を作り、ＪＫお散歩の客引きもその対象とした。街に立つ少女は減ったが、取り締まりが厳しくなったことにより人目に付かないところで働くようになった。18歳未満の少女は補導を恐れ、予約が入った時だけ客との待ち合わせ場所に出勤する「予約出勤」をするようになった。自宅待機型のデリバリーヘルスと同じような形態になっている。

いくら少女を補導しても、彼女たちを利用する大人がいなくならなければ状況は改善しない。現在は、警察が方針を切り替えることによって今ある法律になんとか当てはめ取り締まったり、区が独自の条例を作ったりして対策としているが、条例には罰則がなく、警視庁も次々と変わる形態に方針の転換で対応し続けるのは無理がある。このやり方を続ける限り、少女を取り込む危険はますます広がっていくだろう。

少女たちに必要なこと

地縁も血縁も社縁も機能しない「無縁社会」といわれる今、子どもたちはそのしわ寄せを受けている。雇用制度も学歴の意味も、生活のあり方も変わり、地域や家族、職場の「縁」に支えられていることを前提として作られた社会保障は現状に追いついていない。

「ＪＫリフレ」や「お散歩」は、孤立した少女に生活支援を提供している。仕事の他に住むところや食べるものを提供し、役割とやりがいを持たせ、学習支援まで行う店もある。

買う側、雇う側のけん制とともに、少女がそこに至らないための体制づくりが必要だ。彼女たちに必要なのは、①生活が困窮していても教育を受けられる状態にすること、②安心して過ごしたり眠ったりすることができる家、③安定して働ける仕事、の３つだ。それに加えて「そこに繋いでくれる大人との出会いや関係性」が、すべての子どもたちに必要とされている。

「教育」「住まい」「仕事」「関係性」これらは誰しもに必要なことだが、家庭や学校に居場所をなくした青少年が、経済的な営みや最低限の生活をしていくための保障や支援は間に合っていない。

「貧困層」の少女には、最低限の生活を送るための社会保障と、その生活から脱せられるだけの収入や技術を得るための仕事や教育の機会が必要である。また、「不安定層」も含めて、困窮した生活の影響で高校を中退しているケースも多い。今回取材した高校中退の少女7名のうち、5名は「本当は高校を卒業したかった」「できることなら卒業したい」と話した。しかし、全員がそのための選択肢を知らずに諦めていた。

高校中退者への公的なサポートは皆無だ。中退希望者への進路・就労支援は学校でも教員個人の裁量次第で、ほとんど行われていない。「ＪＫ産業」に中退者が数多く働いているのは、他に行き場がないからだ。

また、取材した少女の中には、中絶経験者が2名いた。さらに、ＪＫリフレを通してキャバクラで働いている高校中退17歳の少女が今、出産を控えている。相手の男性は逃げ、両親との関係もよくない彼女とこれから産まれる子どもは社会の支えがなければ自立した生活が送れないだろう。

孤立した青少年が困窮状態のまま親になっていくと、貧困が再生産されていく。連鎖を断ち切るか、新たな連鎖を生むかの分かれ道のこの時期、彼女たちが搾取的な労働に流れ着かずに済むよう、生活保障や学び直しの機会の充実と周知、就労に向けた具体的なサポートが必要だ。

「わかってくれる大人がいない」

ＪＫリフレやお散歩で働く少女が急増した背景には、「関係性の貧困」がある。「生活安定層」の少女の介入がその例だろう。この本で取り上げた少女たちは、見守り、ときに背中を押し、ときに叱ってくれる大人とのつながりを持っていない。「ＪＫ産業」で働くか迷ったとき、仕事で危険を感じたときに相談したり、アドバイスをもらえたりする大人がいなかったのだ。青少年一人ひとりに、向き合う大人の存在が必要だ。

不安なときや何か困ったときに愚痴をこぼしたり相談したりできる大人、親や教員には言えないことを話せる大人、「娘」や「生徒」という肩書を外した付き合いのできる大人との信頼関係がたった1つでもあれば、彼女たちの今はきっと違っていただろう。

取材で話を聞いているとき、「わかってくれる大人がいない」と、多くの少女が口にした。少女たちは、自分のすべてをわかって欲しいと思っているのではない。「わかってくれる大人」とは、「向き合ってくれる大人」のことだ。それぞれの想いや状況に一緒に向き合ってくれる大人、わかろうとしてくれる大人が彼らにはいなかったのだ。

一方、大人たちからも「子どものことがわからない」という声をよく聞く。中高生の保護者から、スマホやネットを駆使し、自分たちで新時代の楽しみや出会いを見つけていく子どもたちに対し、「別の世界で生きているように感じる」「娘が何語を話しているのかわからないような感じ」と言われることもある。子どもたちを取り巻く関係性を、親ですら把握できない時代になった。その不安や分断を解消するには、互いがリアルな世界での関わりを深め、理解と信頼を築いていく他にない。

画面上でのやり取りが当たり前の時代になったからこそ、リアルなつながりを大切にしなければならない。互いの肌の温度を感じられる付き合いをし続けなければならない。

中高生は世間知らずで当たり前だ。世間知らずのまま裏社会へ流れ、そこで出会った大人に教育され、関係性も狭められていくケースは後を絶たない。そして、「おかしいな」と思うことがあっても、嘘や危険に自分では気づけず、足を洗えなくなっていく。

18歳未満のお散歩やリフレが補導の対象になってからも、「警察がパトロールに来たら、18歳以上の少女のところに行って一緒にいれば大丈夫だから」と、中高生に大嘘を教えて働かせている店もある。言い換えれば、「それは嘘だよ」と言ってくれる大人がいないのだ。

これは大人の責任だ。この本を読んでくれた一人ひとりが、目の前の誰か1人の少女にとって、頼れる大人になってくれたら、それだけで救われる少女はたくさんいるだろう。

居場所づくりのプロ

高校生のときから、私はいつも疑問に思っていた。なぜ、裏社会の大人にできていることが、表社会ではできないのだろうかと。この疑問を解く鍵は、JKリフレやお散歩の取材現場にあった。ここで、そのヒントを記しておきたい。

裏社会の大人たちは、居場所づくりのプロだ。JK産業で働く少女たちに認識されているのはたった3人、スカウト・店長・オーナーだ。

①スカウト

スカウトは、日々、街で少女に声をかけている。その多くが「ＪＫ産業」以外の風俗業のスカウトも担っており、20〜30代の男性が中心だ。中には40〜50代のスカウトもいるが、若いスタッフを大量に投入していることが１つのポイントである。彼らは若者の流行に敏感で、年代や季節、街による少女の傾向を把握している。ＳＮＳやＬＩＮＥを勉強し、若者に定着しているツールを駆使して少女たちを取り込んでいく。

少女と接点を持った彼らは、少女の状態や状況に合った店を紹介していく。「ギャル系」「おとなしめ」「明るく皆でわいわいやりたいタイプ」「人付き合いが苦手、一匹狼タイプ」など、見た目や性格に合わせて少女を店につなぐこともあれば、全日制、通信制、定時制など所属の高校によって、あるいは「家出中だから寮付きの店へ」「門限があるから早い時間に帰れる店へ」など、一人ひとりの少女のタイプやニーズに合った店を紹介していく。

少女の勤続期間や稼ぎにもよるが、スカウトは店に少女を紹介すると5万〜15万程度の収入になるため、少女に何度もアタックし、こまめに連絡をし、店につなぐ努力を惜しまない。

②店長

スカウトに紹介された店でまず最初に会うのが店長だ。彼らは少女との関係性づくりを行い、店を彼女たちの居場所にしていく。少女の話を聞き、励まし、褒めて叱り、彼女たちに「親戚のおじさんみたい」と言われるほど関係性を上手く築きあげる。色恋をかけたり、脅したりして管理することもあるが、基本的には彼女たちとよい関係をつくり、彼女たちに居心地の良さを与えている。

リーダーになりそうな少女は目をかけて育てる。他の少女のまとめ役や監督を任せたり、少女たちが過ごしやすいようなルールを自分たちでつくらせたり、客が喜ぶオプションを考えさせるなど、店の運営に関わらせ、やりがいやプロ意識を持たせている。また、受験を控えている少女に学習支援を行ったり、厳しい家の子には親へのアリバイづくりの協力をしたり、金銭管理ができない少女への貯金代行サービスを行っている店もある。

③オーナー

系列店を数店舗持っているのがオーナーだ。たまに現れるオーナーに「君、頑張っているね」「期待しているよ」と言われると、少女は嬉しくなる。

1つの店で他の少女や店長との間にトラブルが起きたとき、少女はスカウトに相談する。少女がスカウトに相談をする理由は、彼らが若いスタッフであることや、少女との関係性ができているということもあるが、それだけではない。トラブルのあった店の店長が少女の状態を察し、スカウトに連絡をしてフォローを頼んでいるのだ。

そのため、ちょうどいいタイミングでスカウトから連絡が来た少女は彼らに話をする。そして、スカウトは彼女たちをなだめたり、「店長に俺からさりげなく言ってやるから頑張れ」と言ったり、必要に応じて別の店を紹介したりする。

紹介先は少女にとっては別の店だが、実際には同じオーナーが経営する店で、少女はその中をただ泳がされているだけということも多々ある。スカウト・店長・オーナーの後ろには、何かあったときに対処したり、その界隈での営業を許可して後押ししたりする「バック」が存在する。こうして彼らは少女たちを取り込み、一度足を踏み入れると抜け出しにくい連携体制をつくっている。連携するためのスタッフ会議や、他店の店長が集まる会議や交流会も行われている。

さらに、これらの仕組みは長年の蓄積をもとにマニュアル化されている。声のかけ方や、関係性のつくり方、少女のモチベーションの保ち方やトラブル発生時のケアまでマニュアル化され受け継がれている。新しいスタッフは、マニュアルをもとに試行錯誤と改善を繰り返し、時代の流れとともに自分なりのやり方を見つけていく。

最近は、家庭や学校に問題を抱えていない少女や真面目な少女に長く働いてもらうために週に1回のミーティングを開き、「お前の夢はなんだ?」「実現に向かってともに頑張ろう」と熱く語り、プライドを持たせるワークショップを行っている店もある。

「JK産業」から抜け出すことを、少女たちは「卒業」と呼ぶが、「卒業」という目標やモデルを見せることで、彼女たちはモチベーションを保っている。そして、裏社会は卒業後も系列の風俗店で少女たちの面倒を見る。

表社会によるスカウト

スカウト、店長、オーナー――。この三者による連携。彼らが長年繰り返してきていることを、表社会はできていない。

たとえば、国が雇用労働政策として行っている若年者の就労支援事業には、困窮状態にあって生活が荒れているような若い女性はほぼ来ないといわれる。青少年の支援でも、困難を内在化させ、引きこもるタイプの子どもには、居所がわかったり保護者の目があったりするためアプローチしやすいが、困難を外在化させ非行や家出に走る子どもにはつながることすら難しいといわれる。

誰にも頼れず自分1人でどうにかしようとした結果、「JK産業」に取り込まれていくような少女は、行政や若者支援者が窓口を開いているだけでは自分からは来ないのだ。こうした少女たちに目を向けた支援は不足している。

それを承知で、少女をグレーな世界に引きずりこもうとする大人たちは、お金や生活に困っていそうな少女を見つけて、日々声をかけ、出会って仕事を紹介している。渋谷や新宿、仙台や博多といった繁華街では、駅前だけで数十人のスカウトが毎日立っている。それだけの人がそこに力を入れている。

一方、表社会は彼女たちへの声かけをほぼまったく行っていない。

社会保障や支援に繋がれない少女たちに必要なのは、「そこに繋いでくれる大人との出会いや関係性」である。関係性の貧困が大きな背景にある中、つながりや判断基準を持っていない10代の少女たちには特にこれが重要だ。

そのためには、表社会が裏社会に負けないくらいの「スカウト」をしなければならない。

行政も民間も、スカウトの育成に資源を投入すべきだ。貧困の連鎖は次々と起きている。国のほうから支援を必要としている人のところに声をかけていかなければならない。

裏社会のスカウトは、少女を最後まで見捨てない。一度店につないで終わりではなく、困ったことがあれば相談にのり、合わなければまた別の店を紹介し、少女の生活と成長をサポートし続ける。

一方、学校も行政も民間も、卒業したら終わり、支援機関につないだら終わり、就職先が決まったら終わりという関係性や制度が多い。それではダメなのだ。枠組みを越えて少女と付き合える存在、何年も少女たちとのつながりを保ち続ける存在、それがスカウトなのだ。

一見、裏社会のスカウトは良いことをしているように見えるかもしれないが、商品として扱っているに過ぎない。少女を危険に放り込み、依存させ、困窮状態に追い込んでいく。彼女たちを社会の担い手と捉え、社会の中で自立して生きて行けるようにするための支援とスカウトが必要だ。

私は、表社会のスカウトに、子どもと社会をつなぐかけ橋になりたい。声を上げることのできないすべての子どもたちが「衣食住」と「関係性」を持ち、社会的に孤立しない社会が到来することを目指したい。

めげない援交おじさん

もう一つ、私はみなさんに伝えたい。

「めげない援交おじさんを見習って！」と。

若者支援者や、支援したいという人から「女の子の支援は難しい。出会って声をかけたり、関わりを途切れないようにするのは難しい」という声を聞いたり、「約束していた面談に来てもらえなかった」「ある少女にうざいと言われたことから、女の子に関わるのが怖くなった」という話を聞くことがある。

私はそんな人たちに、めげない援交おじさんを見習ってほしい。私も少女との関わりの中で、傷ついたり、裏切られたり、あと一歩というところで連絡が途絶えて少女の気持や自分の至らなさにがっくりすることはある。だけど、めげない。諦めない。

高校時代、私は毎日当たり前のように、「ホテルに行かない？」と援助交際を持ちかける男性に声をかけられていたが、買春したがる男性たちや、少女を利用する側の大人たちは日々たくさんの情報を集め、少女たちとのつながりづくりにものすごく力を入れている。

私のブログには、多いときで1日５００人が、「援交、誘い方」「売春、女子高生」「援交、出会い、アプリ」など、「援助交際、売春」関連のキーワードで検索の上、アクセスしてきている。「JKお散歩、裏オプ、声のかけ方」「家出少女、探すアプリ」という具体的なワードで検索されていることもある。2013年の夏、街でワリキリに誘われ、その男についてブログに記事を書いてから、ブログの検索ワードランキング1位はずっと「援交」だ。

また、インターネットで「女子高生」と検索しようとすると、人気検索関連ワードとして、「援助交際」「無料動画」「アダルト」「エロ画像」など、性的なワードばかりが出てくる。「女子高生」に関心を持ち、ネットで検索をかける人たちの多くが、そういう目的で検索をかけている。それが日本の現状だ。

渋谷にて。少女にワリキリを求める買春男。彼らはしぶとく声をかけ続ける。

少女の「今日泊めてくれる人いませんか」「これから会えませんか」というネットやアプリへの書き込みを目にしたことがあるだろうか。多くの大人はNOと答えるだろうが、それらのチェックを欠かさず、素早く見つけ少女に連絡をする男性もまた、大勢いるのだ。

女子高生から、「SNSにLINEの連

絡先を載せると、すぐ知らない男から連絡が来る」「友達探しのアプリに書き込むと、数分で十数人の男から連絡が来る」という話をよく聞く。

少女たちとつながろうとする男性たちは、たとえ少女に「うざい、きもい、死ね」と言われても、めげない。何度も振られ、断られてもめげずにまた別の少女にアプローチしている。彼らはネット上に限らず街でも少女を忍耐強く物色し、何度も声をかけ続ける。何十人、何百人に何回もめげずにアプローチし続けると、一緒にホテルに行ける少女とつながれることを知っているのだ。

渋谷のスクランブル交差点で私を誘った男は、「僕、既婚者なんだけど、割り切ったお付き合いをできないかな?」と声をかけてきた。「ワリキリ」とは売春のことだ。

声のかけ方、タイミング、立ち居振る舞い、自然さなどから、男が常習犯であることを察した。私は怖くてその男から逃げるようにして立ち去ったが、周りにいた大勢の通行人たちは誰一人このことに気付いていなかった。男は一瞬で人混みに紛れ、街になじんで消えて行った。「この後男は何人の女の子に声をかけるのだろう」「今夜は誰かと買春に至ったのだろうか」と、その夜、私は考えていた。

私たちは、めげない援交おじさんを見習わなければならない。彼らから少女を守るには、そのくらいの心意気がなければならない。誰でも、少女に拒絶されたり、裏切られたりしたら傷つく。だからこそ、そんなときでも心折れずに歩みを進められるよう、仲間を増やし、連携しながら子どもたちに関わることが必要だ。

「縁」と「出会い」

危険にあふれた「女子高生であること」を売りにしたアルバイト。東京だけでも数千人の少女が売春や犯罪の入り口に立っている。

「JK産業」から売春業者や違法風俗店へ斡旋された少女、店に脱法ハーブを勧められ健康状態に影響が出ている少女、寮で暮らしていたことが発覚し補導され家族関係が悪化した少女など、さまざまなケースの子どもたちがいる。

人とのつながりは、社会保障と同じくらい大切だ。どんなに社会保障が充実しても、そこにつながることができなければ利用されるまでには至らない。社会保障の目的は「1人でも生きて行けるようにすること」ではない。人と人とが支え合い、知恵を出し合いながら生きて行くことができる社会をつくり、ほっとできる時間や笑顔になれる瞬間、気持に余裕をもてるような生活を誰もが送れるようになるための保障であるべきだ。

自立することは孤立することではないと、私たちは人生の後輩である子どもたちに伝えなければならない。

少女たちに必要なのは、特別な支援ではなく、「困ったときに相談できる、信頼できる大人との関係性」である。少女たちは「縁」を、「出会い」を求めている。彼女たち一人ひとりの背景を知り、それぞれが自立して生きて行くための伴走を、大人がしなければならない。

おわりに

私には、何ができるわけでもない。
私は神様ではないから、救えない。

出会う少女たちに、そう伝えている。
それでもつながって、語り励まし合い、ともに笑い、ともに傷つきながら進んでいきたいと思っている。私に力になれることがあるなら力になりたい。私にできないことなら、できる人につなぎたい。誰もいないより、ともに歩むほうがいい。だから、1人で抱えず声に出して欲しい。声を出してもらえるような大人でありたい。

「違う世界の話みたい」

――この本を読んで、そう思った人もいるかもしれない。

「自分は高校時代に似たような経験をしていないので、気持ちをわかってあげられない」

――と思う人もいるかもしれない。でも、それでいいのだ。

私は、少女たちと住む世界が違うと感じる人にこそ、彼女たちに関わってほしいと思っている。大人が「世界が違う」と感じる以上に、少女たちはそう思っている。そう思って、諦めている。違う世界の住人のような大人たちが、自分たちの可能性を信じ、ともに歩んでくれたら、どれだけ視野や未来が広がるだろうか。

彼女たちは「わかってもらいたい」のではない。他人にはわからない辛さを抱えながら生きている子も多い。わからなくても、簡単にわからないほどの経験や苦しみを抱えているということへの理解を示せればいい。彼女たちは、「向き合ってくれる人生の先輩との信頼関係」を求めている。

大人たちには、既存の枠や価値観にあてはめず、どうか一人ひとりに向き合ってほしい。

一般論ではなく、あなただから、目の前のその子にだからかけられる言葉をかけてほしい。

一緒に笑って、泣いて、ときに励まし、ときに本気で叱ってくれる人、ともに傷つき、汗を流し、歩いてくれる人が必要だ。

あなたには子どもの頃、そんな大人がいなかっただろうか。いてくれたらよかったと、思うことはないだろうか。


取材した少女たちの本音を、私はすべて聞けたわけではない。関係を築けず、つながりが切れてしまった少女もいる。支援は1人ではできない。さまざまな人が関わり、さまざまなタイプの人間が集まって、一人ひとりにあった伴走を行うことが必要だ。だから、私は、みなさんに「ともに歩む人」になってほしい。

＊　＊　＊

ある日、終電間際の秋葉原で、夜の街を彷徨う高校生に出会った。病気を抱えて街に出て、見知らぬ男性と毎日を過ごす18歳の少女だった。彼女に必要なのは支援や寄り添い以前に、治療だった。彼女もそれを求めているのに、家にも病院にも捨てられた。

そんな少女を相手にしてくれるのは、「ヤリ目的」の男だけ。

私は、男に誘われる彼女を見つけてしまった。

「10分で戻るから待っていて」とスーツ姿の男性と約束する少女を、私は追いかけた。

「もしかしたら困っているんじゃないかなと思って」

と声をかけると、彼女は一瞬目をうるませた。

「本当にそういうことやっている人っているんだ。

頼っていいの？　本当に？　本当に困った時に連絡してもいい？」

「できることは少ないかもしれないけれど、話を聞くことと一緒にこれからを考えることくらいはできるから、連絡してね」

私がそう答えると、彼女はとても嬉しそうにしている。その直後、おもむろに薬の入った袋を取り出す。彼女の手はふるえ、目つきや口調は鋭くなっている。

「私、病気だから薬飲むんだ。私病気なの。怖いでしょ？　うふふ」

そう言って、薬を飲みこんだ。

「躁鬱の、躁が強いほうなの。だから、知らぬ間にハイテンションになって自分でも抑えがきかなくなるの。それで、友達も傷つけちゃって離れて行って、1人なんだ。少し前まで病院に入院していた。そこでは両手両脚を縛られて、隔離されていた。そうしてくれて感謝しているんだけど、お酒飲んだら病院からも捨てられちゃった。それで病気が安定しないまま退院して、もう4日眠れていないし、人と遊ぶのが楽しいから毎日違う人と遊んでるの。女でも男でもいいんだけど、相手にしてくれるのは男しかいないから自然と男の人になっているだけ。一昨日は気づいたらホテルで寝ていたし、昨日は道で捨てられていた。病気だから仕方ないんだよね。薬は増えるばっかりだし、一生飲まなきゃいけないんだ」

数日間眠れていないという彼女は、目の下が真っ黒になっている。突然怒ったり、楽しそうにしたり、テンションの波を激しく変動させながら状況を語った。薬を飲んだのは、自分でこのままではまずいと思ったからなのだろう。彼女は揺れる気性に振り回されながら、自分ではどうにもならない苦しみを抱えている。

彼女が抱えている問題は、すぐに解決できるようなことではない。しかし、彼女とは、路上で声をかける以外の出会い方はできないだろう。

「声をかけて来るのは男の人ばっかりだから、女の人と話したのは久しぶり。嬉しい！」

そんな彼女に手を差し伸べる人はおらず、この1週間、「抜き店」と呼ばれるJKリフレの事務所を拠点（といっても荷物を置くだけで、寝泊まりは男性としているが）にして生活している。

彼女には、明らかに治療や専門的アプローチが必要だ。そのことを本人も自覚し、治療を望んでいるが、そこに至るためのつながりがなかった。私は彼女とも、長い付き合いができることを望んでいる。

＊　＊　＊

街には、こんな子がたくさんいる。

私は、夜の街を歩けば、いつもそんな子を見つけてしまうし、気づいてしまう。


私には、何ができるわけではない。


だからこそ、話を聞いたり、一緒にこれからを考え歩いていくことくらいはしたいと思っている。それが一番大切なことなのだ。だが、それをしようとする人はなかなかいない。

今夜、今この瞬間も、あの子たちは街で男の人といる。

「どうせまた捨てられる」「捨てられた」

と思っている。

他の生き方ができるところ、彼女たちが安心して生活できる道を一緒に見つけたいけれど、ぱっと簡単にできることではない。

私には、何ができるわけでもない。

それでも、「1人じゃない。そう思えるだけで心強い」と言ってくれる少女の言葉に救われながら、これからも不安を抱え孤独の中にいる少女たちと一緒に歩める道を仲間とともに探りたいと思っている。

辛く苦しい出会いも多いが、それを嬉しい出会いに変えていきたいと思っている。

謝辞

本書は、取材に応えてくれた31人の少女たちの想いで成り立っている。少女の多くは、「声を聞いてくれる大人がいてくれて嬉しい。自分の想いや経験を、伝えてほしい」「自分たちの経験が、同じように苦しむ子どもを減らすことに役立てば」と、話してくれた。まだ渦中にありながら、言葉にし、伝えてくれた一人ひとりの顔を思い浮かべながら、ここに感謝を表したい。

多くの少女たちが、家庭や学校以外に信頼できる大人とのつながりを持っていないのと同じように、家族以外の子どもと関わる機会がない大人は多いのではないだろうか。

この本が、大人の目に触れにくい少女たちの現状を伝え、子どもたちへの理解を深め、ＳＯＳに気付ける大人が増えることに役立てられることを願っている。

本書を出版するにあたって、光文社新書へつないでくださった明治学院大学の石原俊先生、光文社の山川江美さん、担当編集者の小松現さん、廣瀬雄規さんには大変お世話になりました。声を上げることのできない女子高生を取り巻く現状を伝えたいという、私や少女たちの想いを後押ししてくださり感謝しています。
また、いつも活動を応援し、支えてくださっているみなさまにもお礼を申し上げます。

２０１４年７月

仁藤夢乃

◆働いていることを隠している相手

親	27
友達	25
教員	21
誰にも隠していない	3

◆仕事中、危険を感じたことはありますか

よくある	13
まあある	13
あまりない	4
まったくない	1

◆客に個人的なやり取りを求められることはありますか

よくある	21
まあある	10
あまりない	0
まったくない	0

◆客に性行為を求められることはありますか

よくある	21
まあある	8
あまりない	2
まったくない	0

◆生まれ変わっても、リフレやお散歩の仕事をしたいと思いますか

できることならしたい	5
できることならしたくない	18
どちらともいえない	8

◆店の経営者やスタッフが店で働く少女と体の関係を持ったり、付き合っていますか

はい	11

◆この仕事を始めて金銭感覚や価値観は変わりましたか

はい	18

◆友だちや後輩、姉妹にもこの仕事を勧めたいと思いますか

そう思う	2
まあそう思う	9
あまりそう思わない	11
そう思わない	9

◆店の関係者に風俗営業店で働くことを勧められたことがありますか

はい	15

〔調査対象：31人〕

【ＪＫ産業について】 （単位：人）

◆働く理由

時給が良いから	29
出勤が自由だから	11
友達が一緒だから	10
他の仕事より楽だから	6
スタッフや経営者に世話になっているから	6
他にできるバイトがないから	5
服装や髪形が自由だから	4
生活費を稼ぐため	4
自分のよさを活かせるから	3
勉強の合間にできるから	3
今しかできないから	2
接客が楽しいから	2
親にお金を渡すため	2
親に内緒で働けるから	2
受験のアドバイスをしてもらえるから	1
社会勉強になると思ったから	1

◆平均月収（1名無回答）

2万円	3
3万円	7
4万円	1
5万円	7
8万円	1
10万円	7
12万円	1
15万円	3
平均収入	6.7万円

最高月収	3万〜23万円
平均収入	10.2万円

最低月収	マイナス5千〜10万円
平均収入	3.6万円

◆これまでに対応したオプション

見つめあうなど相手をどきどきさせるような行為	17
腕ずもう、ハグなど客と触れ合う行為	16
服を着替える	16
プリクラを撮る	13
写真撮影	12
手をつなぐ	10
下着を見せる	13
下着を売る	4
胸や身体をさわらせる	11
客の性処理を見る	13
客の性処理を手伝う	7
キス	6
セックス	5

	そうだ	まあそうだ	あまりそうではない	そうではない
・学校に私を理解し、認めてくれる先生がいる	2	8	5	16
・学校に、何でも相談できる友だちがいる	5	11	5	10

【これまでの経験】 （単位：人）

◆性被害経験

ある		18	
…内訳	痴漢被害	14	
	ストーカー被害	14	（うち、客からの被害8名）
	強姦被害	4	（うち、客からの被害1名）

◆売春の経験

ない	23
1回	2
2〜4回	1
5回以上	1
10回以上	4

（うち、客への売春経験者は5名）

◆自傷行為の経験

ある	10

◆死にたいと思ったことは

ある	15

◆精神疾患と診断された経験

ある	4

【ＪＫ産業について】 （単位：人）

◆働いている期間

3日	1
2週間	1
1〜2ヶ月	3
3〜4ヶ月	4
5〜6ヶ月	10
1年以上	8
1年半以上	3
2年以上	1

◆働いている店の種類

お散歩専門店	17
お散歩・リフレ店	7
リフレ専門店	7

（うち、撮影会経験者は6名、見学店経験者は2名）

◆仕事を始めた年齢

14歳	2
15歳	6
16歳	11
17歳	10
18歳	2

◆働いたことのある場所

秋葉原	23
池袋	4
新宿	3
高田馬場	3

（その他、渋谷、上野、浅草、大阪、博多、熊本それぞれ1名）

◆「JK産業」で働いた経験

1店舗目	16
2店舗目	10
3店舗目	3
4店舗目	2

◆入店の経緯

友人の紹介	11
スカウトの紹介	9
自分で調べて	8
SNSを通して	3

◆店を通さず客と散歩した経験

ある	10

◆「JK産業」以外のアルバイトをしたことは

ない	11

〔調査対象：31人〕

【取材対象者の概要】 （単位:人）

◆通っている高校

公立全日制高校	11
私立全日制高校	5
通信制高校	5
定時制高校	3
高校中退	7

◆取材時の年齢

16歳	6
17歳	17
18歳	8

◆居住地

東京	16
埼玉	7
千葉	3

（その他、新潟、茨城、大阪、福岡、熊本それぞれ1名）

【家庭について】 （単位:人）

◆家族との関係

よい	8
まあよい	6
あまりよくない	11
悪い	6

◆取材時の住まい

実家	27
一人暮らし	2
店の寮	2

（寮生活をしている少女は2名とも家出中うち1名は児童養護施設での保護歴あり）

◆親からの虐待・ネグレクト経験

ある	10

	そうだ	まあそうだ	あまりそうではない	そうではない
・親（保護者）は私をよく分かってくれる	5	7	13	6
・親（保護者）は正しい勉強態度や生き方を教えてくれる	5	13	10	3
・親（保護者）は小づかいをくれる	9	11	3	8
・親（保護者）は経済的な心配なく生活できるようにしてくれる	13	8	6	4

【学校生活について】 （単位:人）

◆あなたには信頼して相談したり、頼りにできる人はいますか

いない		11
いる		20
…内訳	親	12
	兄弟	9
	友達	14

◆部活をしている生徒は

高校生24名中	9

◆家庭や学校に何らかの困難を感じていますか

はい	20

◆いじめを受けた経験

ある	4

◆将来の夢

ある	9
ない	22

◆希望する進路

大学	6
専門学校	4
就職	2
未定	18
結婚	1

アンケート・インタビュー調査結果

付記

この本を書いてから4年が経ち、ＪＫビジネスの存在や、関わる少女たちの背景に目を向ける人が増えてきた。ＪＫビジネスが「日本における人身取引」として、国連の児童買春・児童ポルノに関する調査や米国国務省の人身取引報告書などで指摘されたことなどから、内閣府、厚労省、警察関係者や各政党なども調査や勉強会をはじめ、私が代表を務める女子高生サポートセンターColaboや、この本に登場する少女たちも協力した。彼女たちの多くと今も繋がり続けているが、成人し、それぞれの道を歩いている。Colaboでは、２０１５年から、少女たちが虐待や性暴力被害などから逃れるために駆け込めて、宿泊できるシェルターを開設し、生活や自立を支えている。

ＪＫビジネス規制条例が施行

２０１５年に、愛知県が全国で初めてＪＫビジネス規制条例を作り、被害に遭った子どもを医療機関などの支援と繋げる取り組みが始まった。東京でも２０１７年7月、「特定異性接客営業等の規制に関する条例」が施行された。しかし、条例の検討会には、中高生に現場で関わる支援関係者は入っておらず、少女を取り込む手口や買う側への視点、被害児童へのケアの視点が不足し、子どもの取り締まりばかりが強まる内容になっていることや、「18歳未満は禁止」とすることで、事実上の合法化のようになったことに、がっかりしている。

少女たちが危険に取り込まれる背景には、虐待や貧困、いじめなど、さまざまな問題と、それに対する大人たちの不適切な対応の積み重ねがあるのだが、政治や行政が「ＪＫビジネスの取り締まりや規制強化には関心を示すが、福祉や教育の充実には後ろ向きで、それらの不備を認めなかったり、向き合いたがらない」

という場面もたびたび目にしてきた。条例が施行されてから、一見見えにくくはなったものの、今でも18歳未満の少女たちがスカウトされ、性暴力などの被害に遭い続けている。

東京都の危険啓発サイトに疑問

条例施行に合わせて、都は危険啓発サイト「ＳＴＯＰ ＪＫビジネス！」(http://www.metro.tokyo.jp/tosei/hodohappyo/press/2017/06/16/03.html　上記から報道発表資料にアクセスできる。啓発サイトは２０１８年６月18日時点で閲覧できない)を公開。小池百合子都知事は定例会見で、ＪＫビジネスによる性被害が問題となっていることを挙げ、「女子高生をはじめとした青少年に向けて、情報発信を強化する取り組み」として、このサイトを紹介した。

女子高生に人気のモデル、タレントの藤田ニコルさんを起用し、「ほんっとに、ヤバイよ。そのバイト。」をキャッチコピーに、彼女からのメッセージを発信するというもので、都のホームページやツイッターを使って広く告知を行い、このサイトのリーフレットは学校を通じて都内のすべての高校生に配布すると発表した。都知事は、このサイトを通して「友だちとＳＮＳで情報共有し、互いに注意喚起し合う機会になれば」とか、「将来の不安がずっと残るのだということをよく理解してもらいたい」「こうした取り組みを通じて、性被害から自分自身の身を守る力をつけてほしい」などとも話した。しかし、この啓発サイトは、ずれまくっている。

「ダメ、絶対」的な啓発は逆効果

公開されたサイトを見ると、「ＪＫビジネスはハマると危険なコワイ沼」「絶対、やっちゃダメ。」などのコピーが並んだ。薬物依存などと同じで、「ダメ、絶対」的な啓発は当事者を追い詰める。家庭や学校生活に困難を抱えていなかったり、自分を大切にしたいと思っている人に「危ないんだな」と感じさせる効果はあるかもしれないが、そもそもそうした人はJKビジネスに関わる可能性は低い。一方、すでにそこに関わっている人は、「やっちゃダメ」と言われれば言われるほどSOSを出しにくくなる。

「藤田ニコルは許さない！」とも書かれていた。JKビジネスのバイトをしたら許さない、という意味なのだろう。女子高生に対して、10代（当時）のニコルさんに「許さない」と言わせ、少女たちを「JKビジネスに関わる人」とそうでない人に二分するメッセージは、JKビジネスに関わる少女を友人のコミュニティーから排除することにもつながり、さらなる被害へのリスクを高める。

子どもを騙したり、巧みに誘惑する手口が横行しているにもかかわらず、こんな啓発をしていたら、被害に遭った時、子どもたちは自分を責めることになるだろう。

サイトには、「JKビジネスは、青少年と性犯罪被害をつなげるものです。」と書いてあるのに、取り込む大人の具体的な手口は紹介されておらず、被害に遭った時の相談先情報も不十分。あちらこちらをクリックして、相談サイトが小さく紹介してあるのをようやく見つけることができた。

子どもを脅し、責任を押し付ける

女子高生の性を商品化しているのは大人たちなのに、このサイトでは「お金と引き換えに失うものは大きいよ…！」「商品（モノ）扱いされて嫌じゃないの!?」と呼びかけていた。お金に困って関わる人がいることを把握しているのなら、そういう時にはどうしたらいいかを教えるべきだ。

「断らないと、友達減るより怖いことに巻き込まれるよ！」「後から後悔しても、なかったことにできないんだよ?」「ほんとにヤバかった子は言えないんだよ…！」「利用されてるだけだよ！」とも書いてあった。必要なのは、こんな脅しをすることではなく、友だちに誘われたらどうしたらよいか、もし被害に遭ったらどうしたらよいかを教えることだ。

大切なのは、困った時に相談できるようにすることであり、大人たちには子どもが相談しやすい環境づくりをする責任がある。これでは「足を踏み入れたあなたが悪い」と言っているのと同じで、被害者はますます声を上げられなくなる。

性暴力の被害者の多くは、「抵抗できなかった」と自分を責める。「もし被害に遭っても、あなたは悪くないよ。ちゃんと大人が守るから」と伝え、支えていくのが大人の責任ではないか。もし、JKビジネスに関わって困っていることを誰かに打ち明けられたら、「そんなことしちゃダメ」「危ないってわからなかったの?」「もうしないって約束して」などというのではなく、「話してくれてよかった」と伝えてほしい。その上で、どのような経緯や理由でそこに至ったのか、背景に目を向けながら、その子の安全や安心をどう作っていくかを考えてほしい。

子どものケアと加害防止策が欠如

JKビジネスの需要と供給は、女子高生を「売りたい大人」と「買いたい大人」によって成り立ち、子どもが商品化されているのが現状だ。需要を絶たない限り、供給する側はどんな手を使ってでも売ろうとするだろう。売り買いする大人に目を向け、「売っちゃダメ」「買っちゃダメ」「性犯罪や、子どもの性の商品化を許さない!」と書くべきだ。

さらに、サイトには「すぐそこのリスク　JKビジネスに関連する被害事例」として、淫行(性交渉)、強制わいせつ、児童買春、ストーカーなどの被害があり、法律違反などにつながるともあった。「将来のリスク」としては「売春や危険ドラッグにつながる」「進学や就職に悪影響」とし、「危ない商売はつながってる」「やりたいこと　できなくなるかも」「そんなつもりじゃなかったのに」などと書いてある。

買春や危険ドラッグにつながっていることがわかっているなら、子どもに「性被害から自分自身の身を守る力をつけてほしい」なんて無責任なことを言わずに、まず子どもを売り買いする人に対して啓発すべきだ。

性犯罪被害に遭うことで進学や就職に悪影響が出たり、将来やりたいことができなくなる可能性がある社会であることを認めるのなら、被害者のケアに力を入れたり、世の中の偏見をなくすための発信をしてほしい。

少女を売り買いする大人たちにこそ「お金と引き換えに子どもの性を売り買いしていいの？」「少女の性をモノ扱いしていいの？」「友だちや家族や会社に話せるの？　犯罪だよ？」「後から後悔しても、なかったことにできないんだよ？」と言ってほしい。「JKビジネスで女子高生を買うことは人身取引です。子どもへの性暴力は犯罪です」という啓発サイトを作って、大人たちにこそリーフレットを配るべきだ。

しかし、JKビジネス規制条例でも、買う側への規制や少女へのケア、被害に遭った時にどうすればよいか、また加害者にならないための教育についての視点は欠けており、営業を届出制にしたり、少女の補導に力を入れ、警察が従業員名簿をチェックするなど、女性に対する取り締まりばかり強化されている。顧客名簿を警察が確認できるようにすれば、少女たちを「買う」大人が減り、性暴力被害に遭う少女も減るのではないか。

「リアルJK」でなければ解決か？

そんな中、警視庁は「STOP!!　リアルJK」という、コピーのパンフレットを製作した。JKビジネスの問題の本質は「本物の女子高生が被害に遭っているかどうか」ではないのに、これでは「リアルJK」でなければ18歳未満でも問題ない、と堂々と言っているようなものだ。

JKビジネスが「日本における人身取引」と、世界から指摘されるのはなぜなのか。問題の本質は、貧困や虐待などで孤立したり騙されたりした少女たちが、手を差し伸べるふりをした大人によって取り込まれ、搾取や暴力の構造があること。そして、女子高生を「JK」という記号で性的に価値の高いものとしてブランド化し、商品化し消費する社会そのものにある。そのことに目を向けなければ現状は変わらない。

大人の意識が変わらなければ

２０１８年には、内閣府が「『ＪＫビジネス』の被害防止に関する動画」を公開したが、その内容も、被害防止を少女たちに求めるものだった。動画では、ＪＫビジネスに勧誘するスカウトが、なぜか現実のそれとはかけ離れたイメージのスーツの会社員風の男性で「おいしいバイトあるよ」と、現実ではあり得ない声かけをし、「おいしい話に乗っかっちゃダメ」と啓発している。実際にはそんなにわかりやすい手口ではなく、業者はもっと「普通」のバイトであるかのようにして間口を広げ、敷居を低くして少女たちを取り込んでいるのに。

動画では、少女をヒツジ、男性をオオカミに見立て、少女たちが集団でＪＫビジネスに誘う男性に立ち向かう内容になっているが、男性は大したダメージを受けていない。大人が生み出した問題を子どもに解決させようとするのはおかしい。大勢の大人が声を大にして、立ち向かうべきではないだろうか。

日本では、児童買春について「援助交際」という言葉で、「遊ぶ金欲しさに」「気軽に足を踏み入れる少女たち」という文脈で、大人から少女への援助であるかのように語られ続けてきた。そこにあるのは「援助」や「交際」ではなく、暴力と支配の関係だ。

子どもの性の商品化を「子どもの非行問題」として扱うのはもうやめよう。性的搾取の手口や搾取の構造を学び、子どもを狙う大人に「ＮＯ」と言おう。

少女たちの背景を理解し、教育や福祉を充実させ、「社会からのネグレクトの被害者」をこれ以上生まないために、自分には何ができるか、読者の方々に一緒に考え続けてもらいたい。

２０１８年６月

仁藤夢乃

仁藤夢乃（にとうゆめの）

1989年東京都生まれ。女子高校生サポートセンターColabo代表理事。中学生の頃から「渋谷ギャル」生活を送り、高校を二年で中退。ある講師との出会いをきっかけに農業、国際協力に触れ、明治学院大学に進学。在学中から、高校生に目を向けた活動を始める。2013年3月、『難民高校生』（英治出版）を出版。現在、声を上げることのできない少女たちの声を聴き、「居場所のない高校生」や「性的搾取の対象になりやすい女子高生」の問題を社会に発信するとともに「若者と社会をつなぐきっかけの場づくり」事業を展開し、少女たちの自立支援を行っている。
http://www.colabo-official.net/

女子高生《じょしこうせい》の裏社会《うらしゃかい》 「関係性《かんけいせい》の貧困《ひんこん》」に生《い》きる少女《しょうじょ》たち

2014年8月20日初版1刷発行
2020年8月15日　5刷発行

著者 —— 仁藤夢乃
発行者 —— 田邉浩司
装幀 —— アラン・チャン
印刷所 —— 堀内印刷
製本所 —— 榎本製本
発行所 —— 株式会社 光文社
東京都文京区音羽1-16-6（〒112-8011）
https://www.kobunsha.com/
電話 —— 編集部03(5395)8289 書籍販売部03(5395)8116
業務部03(5395)8125
メール —— sinsyo@kobunsha.com

ISBN 978-4-334-03814-4